U0610684

ON
EDUCATION

| 外国名家谈教育 |

我们要培养什么样的人才

英国牛津大学校长乔治·戈登谈教育

[英] 乔治·戈登——著
江 利——译

辽宁人民出版社

图书在版编目（CIP）数据

我们要培养什么样的人才：英国牛津大学校长乔治·戈登谈教育 /（英）乔治·戈登著；江利译. —沈阳：辽宁人民出版社，2025.1
（外国名家谈教育）
ISBN 978-7-205-10832-8

Ⅰ. ①我… Ⅱ. ①乔… ②江… Ⅲ. ①乔治·戈登—教育思想 Ⅳ. ①G40-095.61

中国国家版本馆 CIP 数据核字（2023）第 156864 号

策划人：孔宁

出版发行：辽宁人民出版社
地址：沈阳市和平区十一纬路 25 号　邮编：110003
电话：024-23284321（邮　购）　024-23284324（发行部）
传真：024-23284191（发行部）　024-23284304（办公室）
http://www.lnpph.com.cn
印　　刷：辽宁新华印务有限公司
幅面尺寸：145mm × 210mm
印　　张：5.125
插　　页：8
字　　数：135千字
出版时间：2025 年 1 月第 1 版
印刷时间：2025 年 1 月第 1 次印刷
责任编辑：阎伟萍　孙　雯
装帧设计：留白文化
责任校对：刘再升
书　　号：ISBN 978-7-205-10832-8

定　　价：58.00元

导 言

◎乔治·戈登

乔治·戈登（George Stuart Gordon，1881—1942），英国教育家、文学家，牛津大学副校长。戈登先后受教于英国的格拉斯哥大学、牛津大学奥里尔学院。在牛津大学学习期间，1904 年获古典学系列考试 A 级、1905 年获斯坦诺普奖、1906 年获人文古典系列会考 A 级。1907—1915 年任牛津大学莫德林学院学术协会会员。

1913—1922 年任利兹大学英语文学教授，1922—1928 年任牛津大学默顿英语文学教授、诗歌学教授、牛津大学莫德林学院院长，1938—1941 年任牛津大学副校长。他曾是“烫煤人”（Kolbítar）文学社即托尔金[①]组建的冰岛诗歌爱

① 托尔金（J. R. R. Tolkien，1892—1973），英国作家、诗人、语言学家及大学教授，以创作经典古典奇幻作品《霍比特人》《魔戒》《精灵宝钻》而闻名于世。

好者俱乐部成员。著名诗人、作家谢拉德 · 瓦因斯[①]是他的学生。

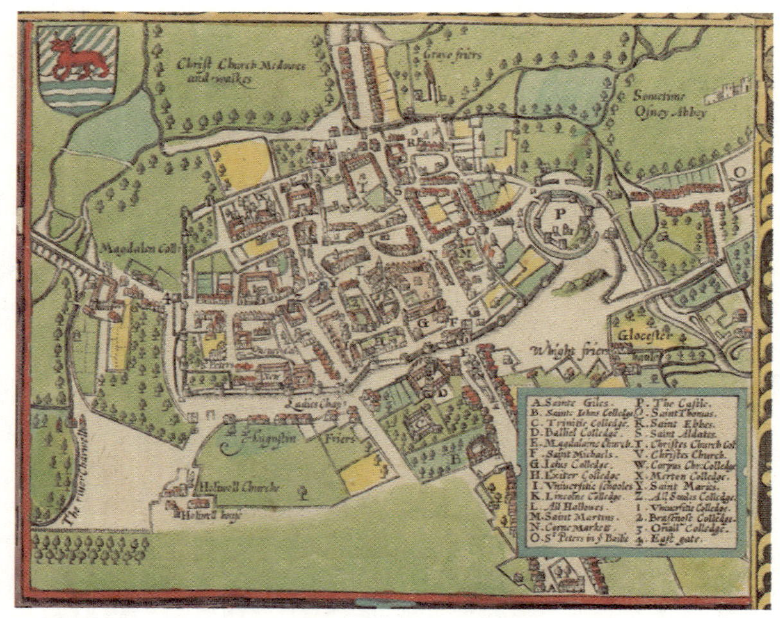

◎ 1605 年的牛津仍为一个城寨，但一些大学的书院已在城墙外开始建立。

---

① 谢拉德 · 瓦因斯（Sherard Vines，1890—1974），英国著名诗人、学者。代表作：诗歌《两个世界》《金字塔》；小说《尴尬的幽默：一个现代日本的故事》《琥珀绿》；非虚构类作品：《英语文学百年》《乔治时期的讽刺作家》等。

目录
Contents

◎牛津大学校徽

◎牛津大学莫德林学院

第一章
我们要培养什么样的人才

处在这样一个令人焦虑不安的时代，不满的情绪在滋长，如果这种情绪让人们相信伟大而又广泛的经济变革和社会变革是必需的，那就会存在这样一种风险，即人民和国家很有可能仓促地采取行动，在短时间内匆忙制定出一些看上去大有希望的新计划。之所以会这么做，就是因为这些计划都是全新的，能够作为一种应急手段或权宜之计，人们看重它表面的实用性，因此抓着它不放，但却忘了一点：所有切实可行的计划都应该建立在普遍性理论的基础上。在这种时候，就特别需要人们通过辩论来重申和强化合理的原则。就这些原则与教育的关系来说，出版这本论文集的目的就是为了唤起公众对这些基本原则的重新考虑。这些原则涉及教育理论的多个领域。充分、清楚地阐述这些原则，那是思想家们的工作，他们具备专门的技能，又有充沛的精力，而我只不过是简要地针对一些论题进行介绍，这倒是挺适合我这样的懒散之人的。

具有普遍性的教育问题有很多，其中最大的一个就是如何为全体国民提供基本教育。现在，这个问题已经远远不像

50 年前那么紧迫。1870 年颁布的《教育法》以及随后颁布的《强制入学条例》，已经完成了它们的历史使命。现在，我们需要的是质量，而不是数量。当然，在某些方面数量也是必需的。孩子们应当在学校里多读几年书，小学毕业后，他们应该继续接受更高一级的教育。但更主要的是，我们应当改善目前的教学条件，这当然也意味着，我们要确保教师得到足够的收入，增加他们的薪酬，提高他们的社会地位，让他们过上舒适的生活。

接下来的问题，是如何从这个国家的孩子中筛选出才智出众的苗子，然后通过适当的训练，以最大的效率将他们培养成栋梁之材。优秀苗子的筛选是教育组织和教育机构的事。小学教师也应当参与选拔工作，将最合适的学生送进中等学校。

◎牛津大学三一学院

如果这些教师自身的素质够高，能够圆满地完成这些鉴别任务，那么这个过程就会变得非常容易。那么，应当如何来训练这些被筛选出来的优秀苗子呢？这个问题可能会让我们陷入纠缠不清的争论中——比如各种不同教学科目的教育价值。因此，我在这里并不想对这个问题做出任何评述。我衷心地希望，大家能够深思这样一个问题：一流的人才对于一个国家、一个民族的重要性。每个国家的国民中都拥有一定比例的优秀人才，他们拥有超群的智力、勤奋的精神以及人格的力量，适合担任各个领域中行动和思想上的领导者。这部分人所占的比例当然是很小的。但是，有些地方的条件是不利于能力培养的，那么我们就把这些不利因素找出来，然后把人才放到有更好成长机会的地方去。如果这样，优秀人才的比例也许就能够得到提高，就像是将小树苗从阴冷干燥的地方移植到阳光明媚、雨水充沛的地方，那么小树苗很快就能长成参天大树一样。不过，我想说的并不是那些特别伟大、最具智慧的领袖人物，因为一代人中这样的人或许只有那么四五个，他们要么能够做出重大发现，要么能够改变思想潮流；我想说的那些人，虽然算不上是一流的人才，但也很有能力。假如获得公平的机会，他们的能力和素质同样可以很快地成长，并获得与这些能力和素质相当的地位，从而有效地服务社会。这些学生一旦成年，不管是在商业经济领域，或是政治领域，还是行政管理领域，都会成为这个国家最具活力的群体，不管他们从事什么职业——也许是需要发挥抽象思维能力的工作，也许是从事文学创作，或是搞科学研究，或是做管理工作；30 年后，当他

◎牛津大学罗德楼，罗德奖学金委员会所在地

们达到人生最具活力的阶段后，他们或许还会积累起相当的财富。我们需要这样的人，越多越好，不过要想在学生中找到这样的苗子，还是需要花费一番气力的。

很多思想持续不断地应用于我们的工作和生活，却始终无法与我们不断增加的人口、不断增长的财富和不断增强的责任意识保持相同的节奏，无论是在图书馆、研究室、实验室，或是在工厂车间、会计室、会议室，都是如此。现在看来，一个伟大的国家面临的问题会越来越多，越来越复杂，但指导我们的思想却显然跟不上形势。我们这个国家（英国）在紧急情况下会过于依赖我们的能量和勇气，以及适用的谋略，但是这样一来为积累知识而做出的努力通常就会被忽视，更不会去考虑如何才能让知识得到最有效的应用，这一点本应在行动之前和行动之中就考虑好。幸运的是，这一缺陷是可以弥补的，尽管我们想要的——大自然所赐予我们的品质都是不容易矫正的。一个人不论多么的精力充沛，他口头上的“效率”可不是匆忙之间张张嘴就可以凑合过去的。这是忍耐的结果，是对所要处理的论据进行确认和做出思考的结果。

古代的许多哲学家，尤其是柏拉图和亚里士多德，他们几乎一致认为，拥有最优秀头脑的人应该得到最好的照顾，他们不仅应该掌握领导权，还应该被授予控制权。这种观念的确有些过分了。他们的理想，实际上也是古希腊大多数思想家的理想，是让广大群众像军人一样保持勇猛和纪律性，因为这是捍卫国家所需要的，而少数被选中的精英，则会被培养成为品德高尚、知识渊博的人物。在中世纪，权利和等级属于贵族和神职人员，教育的理想带有一种宗教色彩，而且教育受到了极大的重视，因为它的目的是培养人们对于教会和纯正教义的忠诚——即便是在未来的世界，也能够产生一种幸福的憧憬。在我们的时代，教育的理想不仅仅变得庸俗化，也变得物质化了。现代的平等主义已经让古人的观点变得不可置信，教育的目标再也不单单是为国家培养少数精英或者贤明善良之才了。现代人的目光不仅仅锁定了这个世界，而且还锁定了这个世界的物质、权势、领土的获取、工业生产、商业、金融以及各式各样的财富和繁华。曾经有一段时间，人们对于知识不太尊重——这种状况在中世纪变得尤其严重，并一直持续到了 18 世纪。在某些国家，比如我们的国家，有人估计，教育和培训所取得的成就远远低于古人的标准。然而，在这个时代，我们已经见到了两个突出的例子，这足以说明他们的估计并不太准确。想想吧，在漫长的几百年里，某些理想和行为准则的影响力持续不断地受到日本人的拥护，从而促使他们全力地向国民灌输一种忠诚于君主的情感，激发人们的“武士道”精神；而在欧洲，即使是在君主政体和骑士制度最为鼎盛的时期，也没有达到这种程度；想想吧，德国人仅用了短短两代人的时间就让为国奉献的精神变得深入人心，成为一种无穷的、无所不能的、令人神魂颠倒的力量，甚至成功地取代了道德，抑制了个人行为。至少在第二个例子中，我们似乎可以认为，不停地鼓吹和传授某种理论，是努力开展教育的一种错误的结果，因为这种理论不仅使国民的道德观念元气大伤，同时也降低了国民的独立性和个性。但是教育至少在其中展现出了

◎萨默尔书院，牛津大学首批女性书院之一，现为男女生招生

自己的力量。

至于被我们称为拥有最优秀头脑的人，如果我们所探寻的目标有三个的话，那么此时此刻，我们或许可以为自己设定一个教育的理想。但是，我们真的能找到一个公正的理由，进而充分陈述这样的教育理想吗？

第一个目标，培养科学领域与学术界的领军人物，就算他们不能成为发现者，也要成为探索者。

第二个目标，培养社会活动的领袖人物，我们不仅要看他们是否拥有进取、勤奋的精神，而且还要看他们是否具备这样一种能力——不论做什么样的工作，都能够习惯性地将自己的思想意识和知识完完全全地应用其中。

第三个目标，培养人们的品味和欣赏习惯，使人们能够在学习知识的过程中享受乐趣。

许多道德家或伦理学者，无论是古人还是现代人，都给了“享乐”一个坏名声。因为他们看到，最诱惑人的、对任何人都有极强吸引力的享乐主义思想往往会让人变得过度放纵，是一切罪恶的源头。可是，人们需要拥有乐趣，也应该得到乐趣。引导人们摆脱比较危险的享乐思想的最好办法，就是教育他们学会享受更好、更高级的乐趣。此外，知识分子那种比较平静的乐趣能够给他们带来安宁，这是持续工作的人所需要的一种良好的健康状态。

遗憾的是，相当多的可以提供乐趣的源泉被人们忽视了，或者没能得到应有的评价。如果说我们一直遵循的教育思想有什么失误，那么一部分原因也许就在这里。假如古典语言的捍卫者们更多地强调他们所提供的乐趣，而对一些他们所认为的实用性却较少提及，那么某些学习的形式或许早就得到了更好的发展。提倡学习希腊语和拉丁语的人已经详细叙述了用语法进行智力训练的价值所在，并争辩道，培养一种好的英国风格，最好的办法就是了解古代的语言，但是很多反面的例子却对这种看法表示怀疑。事实证明，确实是因为过分强调语法这些细枝末节才造成了学生们的反感和抵触，这不由让人想起一句名言："如果学生不喜欢学，那么不论用什么方法教，不论教什么，都没有什么意义。"抛开所有学生都应该学习古典语言这一观念不谈，我们最好深思一下古代智慧结晶和古代诗歌中的精美篇章所带给我们的无穷无尽的乐趣，这些乐趣正是源

◎牛津大学墨顿书院四方院

自我们大脑的想象力和我们的文学品位，而这些东西很容易被记住，因为它使用的不是我们的语言。当然，现代文学里也有许多作品，真的，这些作品与古代优秀文学作品一样高尚、一样完美，可供我们阅读和欣赏。但是，古代文学和现代文学并不相同。古代诗人拥有春天一般的清新和芳香。

也许我们还可以再举一个不同类型的例子。就拿大自然慷慨展现在我们面前的美景来说吧，山川河流和丛林怪石，鲜花和鸟鸣，变幻无常的云彩，阳光和月色下的田野风光，所有这些无不让我们产生一种愉悦的美感。可是在那么多国家里，又有多少人能够注意并懂得欣赏这样的美呢——毕竟不同的人在这方面会有不同的感受。的确，每个人都看到了这些景色，但是注意到并且能够从所见所闻中获得乐趣的人太少了。这难道不是它们很大程度上没有唤起人们的关注的缘故吗？人们没有学会去认真地体察自然万物，也就无从发现自然万物的多姿多彩。本身就不喜欢美术的人，即使你把他们带到美术馆，引导他们观看优秀的作品，并告诉他们那些画作的美妙之处，通常他们所感兴趣的地方还是画作的主题，想让他们形成自己的艺术品位是不太可能的。他们喜欢看那些以野外狩猎，或是战斗场景，或是职业拳击赛为主题的作品，甚至是以一位母亲照看生病的孩子为主题的作品，都能够对他们产生强大的感染力和吸引力。但是，除了主题，他们很少能够从一幅画中看出其他什么东西来，他们对画作中展现出来的想象力并不感兴趣，哪怕是其中那些富有想象力的成分——色彩、光与影，他们也不喜欢，实际上，他们只喜欢对实物的精确模仿和描摹。所以从本质上讲，只有特别的景象，例如艾尔萨岩神奇的岩石或怀特岛周围的白垩，或者月食，或是血色的落日，才能打动一般的人；无论是宏伟的美还是静寂的美，他们都没有注意到，因为眼前的风景并不能让他们感到快乐。喜爱所有这些美的能力也许是不可或缺的。我们有理由认为，大多数孩子都是拥有这样的能力的，因为我们在引导他们如何去观察身边的事物时，他们通常都会做出相应的反应。例如，他们能很快地察觉出一种花与另一种花的不同之处，即便是在很小的时候——他们也能很快就可以认识到每个人的特征和名字；在大街小巷行走时，他们能够享受认知道路的愉悦，而且，每一个聪明的孩子实际上都很喜欢锻炼自己的观察能力。我们的城市人口以不成比例的速度增长着，这也是一件令人遗憾的事情，毫无疑问，这让学生们更难获得熟悉的自然知识，但是前往乡间田野的便利交通和愉快的暑假假期的延长，也让我们比以往学习自然有了更为便利的条件；然而无论安排得多么妥当，这都只是一种消遣，而不是课程。这就好像有人喜欢艺术，有人喜欢旅游，却不知道令人渴望一辈子都拥有的快乐的源泉在哪里，或者与其他的兴趣相比，找不到更适合自己的乐趣。出于其他目的而警觉地进行观察，这种习惯的价值我不想多说什么，在这里，我所坚持的，只是希望孩子们养成很好的观察习惯，并能够从中获得乐趣。

经常有人下这样的断言：与欧洲大多数国家的孩子相比，英国的男孩和女孩从心理上所表现出来的好奇心以及对知识的渴求都不那么强烈，甚至还不如英国北部和西部比较小的三个国家的孩子，在那里，凯尔特人的成分比英国南部还要突出。从马修·阿诺德时期开始，就不断地有人指责英国的上层阶级和中产阶级。阿诺德宣称，英国的中上层社会并不怎么关心“头脑里的东西”，对于自然科学、文学和艺术等方面所取得的卓越成果也没有表现出应有的尊敬。在其他国家，也有类似的情况，例如法国、德国或意大利（也许还可以加上美国）；在此基础上，他解释了中上阶层在教育进步方面贫乏的兴趣。

假如后一种指责有很好的依据，那么所表明的真实情况往往能够证实一件事，那就是以前的弊病还会长期存在下去，因为家长对学校和孩子都比较冷漠。对知识的热爱本来是一件很自然的事情，一般的孩子在很小的时候就拥有了这样的意识，所以尽管英国的孩子求知欲望不像法国或者苏格兰的孩子那么强烈，我们也要相信，我们的缺陷在很大程度上应该归咎于那些错误的、没有激励作用的教学方法，而且，或许我们可以相信，如果这些教学方法得到改善，那么这些缺陷就会减少。

假如这是真的——英国的公众通常会用一种不热心的态度来评价教育的价值，对教育的兴趣不大，那么战争的严肃纪律在消除这种冷漠态度上将会发挥作用。战争的一连串后果会造成国家的相对贫困，并且使人们逐渐减少放纵的习惯，再加上人们觉得必须致力于全面地利用国家的智力资源，这样才能保持自己的国家在世界上的地位。人们期待着这些事情能够引发更好的变化，引导家长们更多地储备孩子的学业成就，而不是过分看重自己的孩子在体育运动中取得的成绩。

假如是这样，那么就不会有人否认，为了向那些工业部门传播科学的价值观，我们需要做的事情仍然还有很多，因为在工业方面（尤其是农业方面），科学始终没有得到完全的应用；因此我们必须加强和发展科学理论的教育，作为技术工作和实际科学工作的基础，尤其是应当以最大的尺度来为学生装备知识，通过最富有刺激性的训练来培养一些人——大自然已经赋予了这些人最具活力、最灵活的头脑。现在我们看到，很多大型企业、工业和金融业的高管都在设法寻找不同类型大学的毕业生，然后安排他们在各种各样的岗位上担任负责人——这样的事情在五十年前是绝对不会发生的，因为现代企业的情况已经变得非常复杂，只有训练有素、头脑清楚的人才能胜任管理工作。许多行政管理部门也有着同样的需求，国家及其政府的官员也在以不断增长的数量大力吸收这样的人才。

假如我们能够从这些方面感受到国家的经济生活，难道我们就不能从中感受到当今世界的国际生活？我们的时代充满了压力和竞争，只有那些承认知识和思想价值、懂得如何运用平时积累起来的经验的国家，才会拥有未来。从长远的角度来看，征服世界靠的正是知识和智慧——不仅仅是知识，更重要的是知识的运用；以宽阔的视野和富有同情的理解来对待人类，对待其他国家，这才是一个政治家应有的风范。

第二章

全面与完整的教育

一个心智没有得到全面发展的人实际上并非一个正常人。若一个人没有接受广泛与自由的教育，就很难真正将自身的潜能发掘出来。文森特主教曾说过，要是自己的儿子日后选择做一位铁匠的话，他仍会让儿子去上大学。

我以为，关于接受教育能让我们赚多少钱的问题，不应该成为左右我们是否选择上大学的因素。这只是一个个人自我发展的问题而已，正如一颗橡子可以选择成为一棵矮小的树木或是长成参天大树。在金钱利益的驱使下，许多年轻人都早早地远离了学校，在自己压根没有接受什么教育的情况下就进入商店或是办公室里工作，这种做法严重地阻碍了他们发挥自身的才智。许多富有或是有名望的人都愿意放弃自己一半的财富，要是他们能够回到童年，直到接受大学教育为止。纽约的一位百万富翁告诉我，他愿意将自己一半的财富用于换取一个中等水平的教育。他说在很小的时候就被迫参加工作了，没有机会去上学，缺乏知识这种伤痛永远地伴随着他的人生。

接受教育是否真的值得？让一朵花蕾逐渐成长，散发芬芳，绽放美丽，让这个世界充满美感，这样一个艰辛的培育过程是否值得呢？正如我们让青年学生接受自由的教育是否值得一样。但是，当生命中存在一个更大的可能性时，萎缩的生命之花就是一种极大的浪费。我们每个人面对的最大的问题，就是如何让自己的生命成为一种荣耀，而不是一种无奈的存在——这就是一个如何让负累充满神性的工作。

某个大城市的成功律师在谈到自己的孩子时说："每天晚上，我躺在床上，生怕自己逝去之后只能给自己的女儿留下一个银行账本。"这位律师意识到，在这个世界上还有一些东西要比财富本身更为重要，要是自己死后只剩下财富，什么都没留下的话，这些金钱将迟早会消散。自己的女儿可能会过上快乐的生活，但是她本人没有获得足够的知识去应对人生带来的挑战。他觉得，心灵一定要摆脱无知的桎梏，让他的儿女们要有成为世界公民的意识。

要是我们只是单纯地将接受某份工作视为赚钱的一条门路，而没有看到工作本身对我们性格的发展，以及让我们获得丰富的人生体验，使自身不断成熟的能力的话，那么这种认识是极为肤浅与低等的。要是我们只是站在纯粹的商业角度上，接受大学教育的这种观念可能就一文不值。

查尔斯·杜德勒·华尔纳①说："成功之人，基本上都是那些能抓住机遇、充分发挥自身潜能的人。我们每个人都有责任将自身的才华推向极致，在我们的能力范围内做到最好。我

① 查尔斯·杜德勒·华尔纳（Charles Dudley Warner，1829—1900），美国随笔作家、小说家。

相信每个风华正茂的年轻人都应该接受大学教育，这样才能更好地实现人生理想。相比起没有接受教育，当他完成大学教育时，将能够更好地在这个社会上立足，更好地发挥自身才华。我觉得，真正敢说自己已将潜能发挥得淋漓尽致的人，是凤毛麟角的。但我们时常可以见到一些‘天才’在日复一日地惘然着。光有天赋还不够，只有接受更好的教育，将自身才华最大化的人才是最终的胜者。”

在康奈尔大学的大门上竖立着校长安德鲁·怀特的名言：

> 今汝入校，定要学有所成，才学渊博；今汝离校，应为国家栋梁，造福人类。

在大学里，学生们是自己的主人，而不是像在补习学校那样，身不由己。在大学里，学生们开始规划自己的人生目标，为了未来的理想而奋斗。对于一个青年人来说，这是迈入成熟的一道门槛。

他可能在与同学们的交流中不断地学习，通过不断的思维博弈而自我提升。大学生活是多姿多彩的，其实就是大千世界的一个缩影。大学里有各个班级、选举职员、与其他班级的关系、文学圈子，还有大学联谊会、宿舍的生活、辩论联盟。体育竞技与比赛，以及工作与娱乐之间的转化，这让每个进入大学校园的学生都能获得知识，发展自己的个性。他会遇到全新的老师与同学，也为日后牢固的友谊打下了坚实的基础。

在学校或是大学里与同学们一道接受教育，这要比自己独自一人拿着同样的教科书与上相同的课程效果更为明显，不论此人多么具有恒心。大凡试过这种学习方式的人都会知道，有时一人默默学习的那种感觉是多么让人感到沮丧。当然，自学也是可以实现的，但这要比在教学里大家一起交流时困难得多。大学的氛围赐给我们不断向前的动力，使我们在竞争中不断成长。

对于一个勤奋认真的学生而言，课堂上的唇枪舌剑，教授与学生们智慧上的交流，以及教学相长的方式，都是让人的心智“大开眼界”的。

查尔斯·特温[①]校长说：“大学教育其实代表着一种能量的投资。每个学生将自身的精力投入进去，然后又能获得相应的回报。因为，教育本身就是不断地创造与增加人的能量的过程。”当然，教育让我们提升了现代社会所亟须的两样东西：一是思想的能力；二是意志的能力。知识的力量就好比谷仓的容量，能够收集或是容纳许多农田丰收的谷物。思想的能力就好比一盘石磨，将谷物碾成面粉，供人享用。思想的能力其实就是观察、预见、理智、判断与推理等能力。这些能力都是大学理应教会学生的。语言给人一种辨别能力，科学则给人一种观察能力，分析学则带来了综合法，数学就是分析与综合的两种能力的交汇——让思想的各个分子不断地离散与聚合。历史学给人一种全面之感，哲学带给人的则是自我饱满与自我发现的能力。在某种意义上，这些分类并不准确。但是在

① 查尔斯·特温（Charles F. Thwing，1853—1937），美国牧师、教育家。

4年大学生涯里，这些学习会让我们成为思想者。当他刚踏入大学时，所知道的知识寥寥无几，想的东西也很荒芜。当他4年之后，离开大学时，虽然他的知识仍然有限，但却获得了一种思考的能力。而这种思考的能力正是我们每个人都极为需要的。我们可以问问美国最大型企业的老总们，看看他们最想获得什么或是想学到什么，你就会发现，他们所想要的，并不是从那些前来应聘的求职者身上学到的。他们的回答基本上都是一种会思考的能力。他们之前已经对于人事的掌控与管理到了游刃有余的地步。在大学期间，他们在与学生们的交流中，特别是通过自己的兴趣或是为各种社团所做的工作——诸如体育、社交、学术类等活动——这些都让他们成为管理者与执行者。我的一位朋友现在是犹他州煤矿的经理，年薪2万美元，他最近跟我说："在哈佛大学的4年中，老师们给了我许多帮助，但是足球队使我受益更多。"对他来说，奖学金是一回事，执行能力则显得更为重要。能以清晰、宏大与真实的角度去思考的能力以及迅速与坚决的执行能力，还有自身所接受的知识教育，这些才是个人将精力投资大学教育所能收获的最高形式。

弗朗西斯·帕顿校长说："相比任何家庭教育或商业经验，大学教育为人们日后的生活实现更为宏大的理想铺好了道路，这点是毋庸置疑的。这给人们带来更宽广的视野，看到事物内部一些复杂的联系——明白万物都处于无限的联系之中，谁也别想超脱于此。"

"这个世界任何活得轰轰烈烈或造福于民的人，都会让自己所处的那个时代烙下自己深深的印记。”塞斯·洛[①]说，“如果我们能免于从过去找寻理想的这个错误的话，那么，我们同样不能犯下低估过去所具有的历史意义。美国人民在阅读关于制定宪法的历史时，就会发现，当时就是否建立一个民主国家是众说纷纭的。从中，我们也可以窥视到，貌似隐藏在岁月尘埃中饱含的深刻教训是多么深刻，而我们的建国功勋们则是多么的睿智啊！他们毅然决然地选择了民主。他们这一群人，并非以一个个体存在，而是将过往的智慧与对当今时代潮流的准确判断融合起来，实现了两者完美的结合。我以为，一位接受过大学教育的人必然会对历史有所了解，对历史的教训怀有某种敬畏感，这在某种意义上也算是另一种自我训练的方式。大学教育应让学生在历史经验上，获得一种审视现实的视角。大学教育应通过他们不断锻炼与自律来强化心智，扩大自己的视野，让自己尽可能地多了解一点知识。”

世界上最优秀的文学作品、最杰出的思想以及人类的最高尚的行为，这些多是推动着人类全方位不断发展的重要动机。大学也应让学生们获得这种动机，那将是一笔无价之宝。

“大学的一个显著特点，就是培养那些上大学的人发展一种思考的能力。”耶鲁大学校长德怀特说，“大学在接纳这些学生时，就当他们的心智正处于一个逐步迈向成熟的阶段，一个从少年向成年人演进的过程，在度过了之前一段懵懂的岁月之后，他开始将自己视为一个具有自我思想的人。就这个角度而

① 塞斯·洛（Seth Low，1850—1916），美国教育家、政治家。

言，大学 4 年会让学生突飞猛进。心灵自律的可能性是很具弹性的。要真能实现这些目标，那真是太棒了。年轻人就是要成为具有思想的人。随着年龄的增长，应成为思想逐步开放的人，智慧将更能一展身手。无论在什么地方，他们都能轻易地将自身的能力自如地发挥出来。心智构建应是大学所要考虑的。大学的一个目标就是让这些年轻人在结束大学生涯时，心智已然成熟，这不是说他们再也不需要改变或是发展了，而是在日后的岁月里，为了更好地学习而打下坚实的基础。所谓大学教育，就是不断构建学生思想的过程。”

对年轻人而言，要想在大学的教育中得到良好的锻炼，就必须有强烈的求知欲，有一种激情，让自己不断摆脱无知的车辙所轧下的狭窄痕迹，而与文学、艺术等领域伟大的心灵展开对话，了解自然的真理，感受科学触摸神性的能量，让心灵放飞于广袤的宇宙之中，让永远年轻的源泉满足这颗饥渴的心。

撇开其他一些功利的原因不谈，大学教育让我们的人生获得欢乐与幸福。大凡上过大学的人，都难以忘怀大学莘莘学子的美好岁月。大学 4 年的时光是人生中其他的某个 4 年所不能比拟的。那时，学生们在自己的雄心壮志与高远的理想还没被现实的失望所击碎或是湮没，对人性的美好还没被虚伪的誓言所戳穿时，彼此之间的交往是那么有趣与开怀，大有指点江山的气概。这段光阴是人生中绽放的时间，此时，想象力处于人生的最高峰，希望燃着熊熊烈火，美好的未来似乎已经装点得五颜六色。也许，大学带给我们最大的乐趣，在于感觉自己一种不断去触摸未知世界的能力在逐渐增强时的那种满足感。大学时期的同窗友谊足以弥补所有金钱上的花费。除此之外，我们还能学到如何处理人与事的关系，克服眼前的障碍，成为生活的胜者，按照规律，让大自然为我们服务。那么，谁能低估大学教育的价值呢？

我们在谈到大学教育时，将其视为一种资金、时间与能量的投资。一位明智的老师曾这样说："学生们自己做出这种投资，他们也能从中获得收益。但是，大学毕业时的那个自己，已经和 4 年前的他不一样了。他的这个自我变得更为高尚、宏大，让自己的心智、意志以及良心都处于和谐的状态。在成就前，再接再厉；在困难时，坚韧不拔；在胜利时，居安思危。他会时刻想着如何最大限度发挥自身的潜能，更加坚定了对推广公正与真理的事业的追求。对每个人而言，这就是大学所代表的一种真实的自我性。很多时候，大学培养出的毕业生，往往人格低劣，成为社会渣滓。但对于多数人而言，大学有点像一位'母亲'，不仅赋予了我们生命，更让生命充满了意义，给予我们不断的滋养，让我们去追求永恒。无论美国大学的教育制度如何变化，大学始终都应该是一所培养人如何生活得更加充实与饱满的机构。大学让我们的生活更为丰富，深化我们对真理的视角，让我们的目标更为高尚，让我们更加坚持正确的抉择，涤荡遮蔽理想的迷雾，让爱美的心尽情放逐。"

人从一个自我到另一个自我的转变过程，可由罗斯金的阐述得以说明。他说："教育并不意味着让他们知道之前不知道的东西，而是要他们以一种全新的方式去待人处世。”饱受教育的心灵在“一条随着时间流逝而不断拓宽与深化的隧道里自由地移动着。当他增加了一些知识时，在一定程度上，他就不是之前的那个他了。他就可不断地完善自我，这样也增加了自己享受幸福的能力”。

阿萨·帕卡教授说：“只限于知识本身的教育是十分贫瘠与缺乏营养的。我们真正所需要的，并不是一些干巴巴的事实或是数据，而是勇气、诚实、力量、强烈的幽默感以及正义感。这个时代更为重要的，是建立起学生的品格，将他们心灵中一些扭曲的片段或是残余扫荡干净，让其笃信一点，那就是正确为人是极为高尚的，而错误做人则是极为卑劣的。这个世界上最闪耀的成功，并非石磨的发明、铁轨的铺就或是煤矿的挖掘，也不是财富的累积，而是成熟男女们全面而均衡的思想。（语出查尔斯·金斯利）这就要求我们要打造完美的人格。”

埃布拉姆·休伊特①说：“如果让我在金钱堆与大学时光的乐趣以及接受教育之后所带来的智趣两者之间做出选择，我会毫不犹豫地选择后者。拥有了教育，你可以赚钱，但是有了钱，却买不来教育。”

“自由教育真是无价之宝啊！”麦克金利校长在旧金山的一篇演讲中这样感叹道，“这种教育本身就是宝贵的赐予，不受岁月风霜的侵袭，随着不断地利用，其价值逐渐增加。只有真正接受过这种教育的人，才能真正地加以运用，他本人就可

① 埃布拉姆·休伊特（Abram S. Hewitt，1822—1903），美国教育家、钢铁制造商。

彰显其中的价值与其所带来的奖赏。我们只有通过自身不断的努力才能获得这种教育，只有在不断的坚韧与自我克制下才能真正领悟其中的真髓。但是，这种教育就好像我们呼吸的空气一样，轻松自如。这种教育是不分种族、国籍以及性别的，而是对所有人都敞开大门的。从最广泛的意义来说，它具有包容性，而不是排外性。每个真正有志于大学且敢于为此奋斗的人，都有机会去触摸这种教育理想。在追求知识的道路上，富人与穷人都是平等的，是一对友好的对手。他们都必须为此做出一定的牺牲，这是必需的。通往这种教育的道路不能充斥名利与地位的诱惑，而是需要努力与认真地学习。当我们以美德、道德以及高尚的目标做伴时，不论对于男女，自由教育将是他们所能获得的最大恩赐与奖赏。”

第三章

知识的现实力量

饱受教育的人能做许多没有接受教育的人所做不了的事情。教育能让我们变得举止优雅，心理素质更加强韧，才华得到更大的发掘。有时，人们的确会有这样的感想，即教育与我们的智慧是息息相关的。

放眼全球，这都是适用的。英国的工业化成就在全世界都是独占鳌头的，这种优势在很大程度上取决于他们在培养年轻人时所采用的科学与实用的方法，让他们为未来履行人生的职责打下基础。

当德国在制造商品出口，准备要与英国一决高下时，他们的做法就是重整低级别的学校，在教育领域中投入更多的金钱，以更为先进的管理理念去执行，让国民都能获得良好的教育。日后的历史走向，证明了德国人这种方法是正确的。

适用于一个国家的道理，同样适用于个人。一位作家曾这样建议那些只能靠手工劳动来维持生活的人：“教育能够拓宽我们的视野，让人们能更加清楚地认识到自己当前所处的环境，让我们学会自我独立与坚韧不拔的决心，不断地寻求自我完善。更为重要的是，教育让我们找寻一条最为明智的方法去实现这些目标。”

教育真的能让我们在生活中取得成功吗？已过世的前教授帕卡德是一所著名商校的创办者。他曾这样说：“一般而言，自我不断完善的人都是那些成功之人。至少，这在商界内是如此。受教育的人总是站在潮流的前面。他们总能获得最大的一份奖赏，这不仅限于政治或是专业领域，而且在办公室或财务室里，也是如此。在一些大型银行、保险公司、运输交通业与制造工厂里，他们占据上层位置的比例超出人们的想象。才华与知识在每个工业部门都是亟须的。饱经磨炼的心智成熟的双手必将能找到自己施展的舞台，获得最高的报酬。”

《赚钱者》杂志曾有过这样一段话：“当年那些认为知识已经没用的人，却发现今时今日在工程制造方面的各个部门享受着优渥薪水的人，都是饱受教育的。一家企业招聘技术人员与高级机械师，仍然还有许多缺口有待填补。这种情况可谓是屡见不鲜。一个真正有才干的人是不会找不到工作的。这种情况将会持续下去，几乎很少有应聘者会失望而归。这对那些想要独当一面的年轻人来说，是一种积极的信号。因为这个时代对素质的要求在不断地增长。所以，当今时代不仅为上进与聪明的年轻人、富有创意以及设计天赋的人提供了广阔的舞台，更为重要的是，这个舞台在不断地扩展，前景一片光明。”

对那些智力平平、不甚聪明或是缺乏刻苦精神的人，《赚钱者》的编辑认为他们并不能享受到这个逐渐延伸的舞台。其实，生活的召唤总是让每个人都能或多或少地受益。至于我们的赚钱能力，只要我们能养成不断学习的习惯与掌握身处高位所需要的知识时，这就不成问题了。

在纽约，一家年净利润为 1.5 万—2 万美元的企业，可谓收益不错。但是，这家企业的一个合伙人，他拥有着常人所不具备的眼光，认为要是自己能够掌握一些相关的技术知识的话，那么，企业的规模将会更为庞大。他让其他合伙人负责公司的业务，他毅然去德国上大学。在接下来的 4 年大学里，他每天都要把 16 个小时投入勤奋的学习当中，因为他的眼前只有一个目标。数年之后，他当初的宏伟目标实现了。他成了这个领域中的权威，现在企业的收益是当时的 10 倍以上。

教育的首要目标就是带来一种能力——一种更好地处理人事的能力，在生活中让自己更能做到高效。真正的教育让人增强抓住、把握以及利用事物本质的能力——特别是利用的能力。解决实际问题的实干能力，解开困扰人的问题，这些都是对我们能力的一种考验。其实，你知道多少书本上的内容，你的脑海中装载着多少理论知识，这些都不那么重要。如果你不能随时运用自身的知识，然后集中力量去解决一些问题，那么，你就是一个纸上谈兵之人，也很难取得成功。我们必须要让自己掌握的知识实用化，这样才可能在生活中找寻成功的道路上有所斩获。

米诺特 · 萨维奇[①]说："一个接受全面教育的人，在感知能力与分析能力上不断获得磨炼——让他的各方面能力都有所提

① 米诺特 · 萨维奇（Minot J. Savage，1841—1918），美国唯一神论牧师、作家。

升。让这样一个人身处逆境，他也能看到自己所处的位置，清楚在这个环境下，自己需要做些什么，决心战胜困难，而不是成为其牺牲品。无论一个人在哪里，只要给他一点时间，他就能控制自己，然后对环境有所把握。这样的人就是一个饱受教育的人。一个受制于环境与条件的人，没有实用的能力去自我掌控，即便他懂得很多，他仍称不上一个受过教育的人。不实用的知识，这并非教育的本义。实用的知识，认真地生活，对自身能力有清晰的认知，将自身的潜能充分发掘出来，这些才构成了真正的教育。”

这个时代要比以往所有的年代更加亟须具有实干知识、具有常识以及实践精神的人。常识是一个时代的智慧所在。在一个追求速度与讲求实效的年代里，人们往往会抛弃那些所谓的理论或是理论家。现在，我们到处都能听到对实干之人的呼唤，而不需要那些总是将事情复杂化或是哲学化的人。这个世纪带给每个人的一个拷问点就是“你能够做什么”，而不是“你是谁”与“你在哪里上大学”——而是“你有什么实干知识呢”。

知识并不等同于智慧，旺盛的能量也不能取代常识。知识必须转化成一种能力。科尔顿说：“我们宁愿不经学习获得智慧，也不要空有一肚子诗书，而没有智慧。”

最近一段时间，关于在大学教育应在何种程度上将知识本身转化为能力的讨论方兴未艾。而更为功利的年轻人则会这样发问：“上大学是否真的值得呢？”

要回答这个问题，我们首先要做一个调查。我们人口中

92% 的人都是可以通过手工劳动来养活自己的，只有 8% 的人进入了商界或是其他的专业领域。如果你是属于那 92% 的人，如果你有能力接受初级教育，那么，你有很多途径去接受更多教育，但他们却几乎都不愿意去接受大学教育。但若你是属于那 8% 的范畴，你就会认为上大学是值得的，可以获得很高级的技术培训。在当代，许多大学都与一些技术学校有很多相似之处。

许多人在没有接受高等教育的情况下，仍能赚大钱。在他们这些人眼中，上完了中小学，也就够了。他们还认为，当年轻人去上大学或是进入一些预备学校学习的年龄，正是他们在商界的实战中获得能力与经验的时候。

让这群只会赚钱的人叫嚣吧！他们金钱上的成功绝非最高级的成功形式。

对于那些想让自身潜能得到最大发挥的人，对于那些希冀着成功喜悦的人，他们拥有着一个富于价值的人生理想，他们想通过教育来让自己实现宏大的理想，让社会与国家为此受益。对他们而言，相比起大学所能带给他们的东西，学费本身并不显得昂贵。

本杰明·德斯莱利说："生活中最为成功的人，都是那些掌握最优质信息的人。"

格拉斯通那饱经锻炼、逻辑训练以及深厚的理性，与一位从未接受教育的砂浆搬运工人所具备的懂得如何正确地将砂浆与砖头搅拌技巧的理性能力相比，真是形成巨大的反差。两者的差异之处，其实也可追溯到最先的源头——就是是否接受教育的问题。

当我谈到这个国家那饱受教育洗礼的为人类服务的 8% 的人群时，我觉得，他们是一群精英。在一般人都随大流，融入那 92% 的手工劳作时，他们却决定走一条不同的道路。我这样说，绝不是对那 92% 的人群有什么不敬，这只是对事实的简单陈述而已。我们可以很清楚地看到，那 8% 的人们，可以通过在一些高智商的活动、商业或是专业活动来养活自己。要是没有接受过大学教育或是高等教育熏陶的话，他们是不可能从事这些活动的。他们自身的天赋和与生俱来的领导能力，让他们与那些想通过大学来获得优势的人一道，组成了那 8% 的群体。

美国教育专员威廉·哈里斯是这方面的权威人士，他曾发表过一份报告，在谈到成功的概率时说："在一个高度文明的社会里，最为重要与关键的职位都落入那些接受过良好教育的人手中。在这个方面，受教育与没有接受教育的比例高达 250∶1。"这份报告是基于对这个国家里许多著名人士名单以及名人传记中的分析结果。我记得，好像特温校长是第一位公布这些数据的人。这些数据包括之前在很长一段时间内一些人口的比较数据。

我也曾看到另一份统计数据，这份数据是基于美国上大学的青年人的比例以及这些大学毕业生日后所担任重要职位的比较。这些数据显示，超过 2/3 的职位也许都被少于 2% 的人所占据。而这 2% 的人基本上全部是接受过高等教育的人。

西部有一位很富有的人这样说过："我在夏天努力赚钱，

在冬天就到学校里学习。在我 15 岁之后，我在学校只上过一个冬季的课程，但是我总是不断地学习书本与社会的知识。如果当初我接受了大学教育，现在我已经进入国会了。那么，我也可以比现在更加成功了。”

一位具有影响力的律师说：“在过去 20 年里，每天我都想着要接受更多的教育。通过不断坚持地学习，在早年学校学习的基础上，我又学到了许多新知识。但在接受知识这方面，我是永远不会满足的。”

有人曾睿智地说，一位大学毕业生的心理能力就好像蒸汽或电力的能量，这并不仅仅限于驱动某一种引擎，而且适用于任何机械的运作。没有接受过教育的人让人不禁想起尼亚加拉大瀑布汹涌的水流都浪费了，即便不是如此，所利用的也不及一半；或是一辆马车在泥泞道路上挣扎着前行，而要是在康庄大道上，它们却可以搬运数吨重的东西。

银行家哈维·费斯科在其《观点》杂志上发表文章《关于大学教育对商人的价值》。在文中，他这样谈道：“我深信一点，即无论我们日后从事什么工作，都需要为此打下一个深厚、广阔与扎实的基础。如果一个男孩日后不想只是做低下的职员或是默默无闻的商人，那么，在他父母能够支持的情况下，都应该接受最好的基础教育。”

一个年轻人在事业的早期阶段，很难感受到不上大学所带来的损失。假设他在 17 岁就进入办公室或是商店工作，而他的朋友则在此时上了大学，那么，在 4 年后，当他 21 岁时，就会觉得自己在商业能力上要比自己的朋友具有多方面的优势。但是5—10年之后，那位曾经接受大学教育的人工作起来就会显得更为轻松、更为自信，基本上与他的那位没上大学的朋友相差无几了。大学教育将强化我们的全方位能力。如果能正确利用大学所带给我们的资源，这将是一辈子无价的财富。

某位高产作家这样说过："所谓大学课程，我想应被尊称为一种'教育'——这只是接受教育的开端，一种基础。大学教育应该具有一个普遍的善意，应让学生在离开大学之后，通过自身的努力，来不断实现自己的理想。因此，大学教育不能让学生囫囵吞枣地学习书本的知识，大学教育所授予的，也不过是科学与艺术等方面一些基本的知识。大学的定位不应该是让一个人一劳永逸，而是要让学生们懂得如何更为有效地学习。一张大学文凭并不能证明你多么有才华——这只能证明你通过了大学所规定你要学习的课程而已。"

大学首先要教给学生一种自我训练的方法与锻炼他们的心智。这才是对大学成功与否的一个衡量标准。大学要让学生学会思考。在其他条件都等同的情况下，相比起没有接受过心智锻炼的人而言，大学毕业生从商后更能取得成功。

安杰尔校长说："如果生活的唯一目标就是获取财富的话，那么，很多年轻人在没有接受高等教育的情况下，无疑都已经实现了人生本应赋予的使命了。但是，如果有人去问这些年轻人，他们该如何让自己不断地完善或是怎样才能对社会更为有益这些问题；或者社会抛给我们这样的问题：什么样的人才是对人类的进步最有帮助的。我想，诸如对上面的这几个问题的答案的认知，不仅不会让我们大学或者教育机构里的学生人数锐减，反而会让接受教育的人占总人口的比例不断上升，甚至会超出我们的想象。”

我对每个年轻人的建议是，无论怎样，如果可能的话，都要去接受大学教育。事实证明，如果一个人能以更为恰当的方式去实现自身的潜质，他会感到更为快乐、更为圆满，成为一个对社会有用的人。

另外，要是站在一个实用的角度来看，大学教育也存在不少的缺陷与弊端。大学的教学方法似乎并不能培养学生的实际能力，也不一定让学生养成成功所需要的良好思维习惯。在很多时候，诸如理论性、猜想性的能力以及权衡利弊甚至是沉思、思前顾后的能力过度地发展了；而一种将事情迅速办好的执行能力，果敢决断与勇于践行的能力，则常常是大学生所缺乏的。

大学的培养没有让学生养成迅速与及时行动的能力，学生们总是惯于权衡利弊、思虑再三，最后还是难下定断。但是，当他开始日常的工作生活时，就会发现许多事情都需要即时的决定以及迅速的行动。没有时间让他拖到下周或是下月，因为所有的事情都必须在当天解决。因此，这就是许多大学生所存在的不足，他们要在一段相当长的时间里，方能获得一些很实用的知识。

为了迎合当今时代的需要，美国的许多大学都纷纷做出相应的调整。当今社会的激烈竞争驱使他们不得不这样做。现在，工业以及商界的许多优秀人才都是出自大学。相对而言，越来越多的大学毕业生选择进入商界，而不愿意从事专业领域的研究。就耶鲁大学而言，相比于往年，现在进入商界的毕业生增长了 25%。大约 1/3 的毕业生成为商人或者是商界领袖。而成为学者或是从事专业研究则不再是一个典型大学毕业生的选择了。现在，他们的选择也趋向更为功利化。

头脑冷静、富于实干的年轻人在大学教育中时常能如虎添翼，在日后的人生里，为社会的进步发挥更大的影响。塞斯·洛说："在许多接受过大学教育的人心中，会有这样一种很本能的思维倾向，即源于书本的知识是人们所必不可少的。但是，人类的经验告诉我们，许多书本之外的知识也同样是极为重要的。出于本能的常识、未受过多少教育而取得成功的人所具有的实用智慧，这些都是我们要想不断取得成功所必需的知识。"

同样的道理同样适用于商界。饱受锻炼的心智与常识两者结合在一起，将产生巨大的价值。约翰·洛克认为，一个"常识没有开化的人"，倘能接受全面的教育，不仅能成为最为全面与有效的公民，也将成为工业或是商界的领袖。

大企业之所以聘用大学生，一般来说，因为在其他条件等同的基础上，大学生最终能够成为更好的经理或是领袖，尽管大学生常常给人留下实用才能不足的印象。大企业的老总们知道，如果一个大学生能充分利用大学教育的机会，即便这可能会暂时遏制他的实用性能力的发挥，但大学教育给了他一直良好的分析能力以及对事情状况迅速的把握能力。大学毕业生最大的缺点在于他们喜欢满口理论，将文凭的价值看得过重。但是，当一些未来的美梦逐渐破灭之后，他却可以及时地加以调整。当他一旦掌握了一门行业的所有细节，就会实现跨越式的发展。在大学阶段，他已经学会了如何思考，如何调动自身的心理能量。当他们一旦学会了如何应对企业发展的不同阶段，以及如何运用自身的才能时，他将变得更为强大。这是没有接受教育的他所不敢想象的。

特温校长说："接受教育其实是在为我们日后的事业节省时间。我们似乎是要先往回走几步，然后才完成一个大步跨越。大学教育带给我们一种活力、朝气、快速执行的能力以及有效办事的能力。一个年轻人花上 4 年时间接受大学教育，这有助于他更早地进入自己所喜欢的行业，也许能持续得更久。我偶尔知道在一座大城市里一家最大规模的零售企业——当然，具体的名字我不能说——最近，他们所有的合伙人都订下一些有效期 50 年的协议。在这些协议中，有一条协议要求每个合伙人的儿子都必须在该企业接受 5 年时间的学徒锻炼。但是，若是接受了大学教育，学徒的时间就可缩减为 3 年。这个例子可能是从人类有史以来最为成功的商人——犹太人那里所学到的。尽管犹太民族有很多与众不同之处，但他们本质上也没什么大的区别。他们的成功部分可以归结为对教育的极端重视。克利夫兰一位从事五金生意的商人常常这样说，当一个大学毕业生在工作两周之后，他所具有的价值就与那些只有高中水平却工作了 4 年的人等值了。之后，他的价值将呈几何式地增长。这位克利夫兰商人的话在我看来过于偏激了。但我敢说，种种事实都在证明一点，接受大学教育是对时间的最好投资。"

“在许多大学里，大约1/3的毕业生都选择进入商界。而这些毕业生在大学投资的一种回报，至少从他们进入商界之后，表现为一种金钱上的回报。有很多例子都充分表明，大学毕业生在投资大学教育上的收获是极为丰厚的。毕业生可能需从最底层开始工作，获得最低微的薪水。但他却可以很快地从底层爬升。他所处的位置越高，进步就会越大。就在昨晚，一位杰出的制造商对我说：‘我愿意花上1万美元的年薪去聘请一个人到我办公室工作。’他接着摇摇头说，‘但是，我找不到这样的人。’而有能力去赚取年薪1万美元甚至5万美元的人，基本上都是过往10年或是30年来往届的大学毕业生。宾夕法尼亚州铁路公司正招聘许多大学生到各个部门工作。这些人在未来50年里所获得金钱上的报酬，将集中代表着年轻人投资教育所能获得的巨大价值。”

舒尔曼校长说：“毋庸置疑的一点是，当今社会在各行各业都对大学生呈现出居高不下的需求。就拿工程制造业来说吧，15年前，学生们要用一些‘花言巧语’来哄骗这些机械生产制造商给他们试用的机会。正所谓‘一人呼，万人应’。到了1900届这个专业的毕业生，几乎每个人都接到2—3份邀请。一家著名的电力公司曾将一个班的所有毕业生都请过去工作了。因此，许多公共学校现在都亟须大学毕业的老师，而这种需求将随着供应而不断增大。”

所有这些社会变化以及趋势都越来越清晰地表明，我们的文明正趋向于更为复杂与更有组织的形式发展。“见好就收”的工作方法与没有技术的员工都即将被淘汰。随着美国的制造业、商界与欧洲大陆的竞争全方位地展开，我们每天越趋明白一点：即高级技能与才能，最大化地利用资源，这样才能取得竞争的胜利。在这个时代，去做世界要求我们所做的工作，需要我们接受科学方法所培养下的准确度、心智、眼光以及特殊的培训，这些都是人们只能从大学教育里得到的。

耶鲁大学校长亚瑟·哈德雷说："现在，各行各业对大学生的需求正在不断地增加——这种增幅我们现在也难以满足。这在近几年商业活动不断扩张的情况下显得更加突出。当我们比较一下繁荣时代与萧条时代的时候，就可以发现投入资本的价值要比现在的产出更大。一个大学生大约为了接受教育投入 2000—10000 美元的金钱。这一投资的价值同样遵循汽船或熔炉所具有的价值。当对某一行业需求特别巨大时，他们就能从中获益最多。当市场需求惨淡，他们也只能勉强过活。这样的话，很多人就觉得没有必要去上大学，除非能够从中获得一些特别的才能锻炼。我认为，商界与政界对大学毕业生的需求不断增加，这也将有助于提升公共服务与公共生活的标准。我个人认为，这应被视为政治进步的一个结果，而不是其原因。我们现在面临的许多管理上的新问题，都需要许多训练有素且具有广阔视野的人才能解决。这必然会对下一代的公职人员的教育程度有很高的要求。"

耶鲁大学另一位校长詹姆斯·康菲尔德说："在商界打拼十年之后，大学毕业生必将轻易地超过那些没有接受过系统教育的商人。但是，他们在工作之余还会有一些业余爱好。他们在取得成功之后，只想让工作成为生活的一部分，而不是为了生活而苦苦地工作。"

在我所认识的许多成功的商人中，不少人告诉我，他们偏向于聘用接受过大学教育的员工。因为，这些员工更能集中精力去完成某一件事情，他们一般都具有较为高尚的人格、远大的目标，这是许多没有上过大学的员工所不具备的。所以，这些接受过大学教育的员工更为忠诚，也更容易获得成功。最为明显的是，西部的铁路公司聘用大学毕业生的规模是史无前例的。

一所现代化、装备齐全、与时俱进的大学，应该紧跟时代的脉搏，让莘莘学子从中获得最充足的知识养分，为他们日后的人生发展打下坚实、牢固的基础并获得全面的发展。

特温校长在一篇论文中呼吁人们对以下方面给予足够的重视——大学生通过自身的努力，不断学习，在时间与精力上都投入巨大。但是他们从大学里收获的要远比投入的多得多。他们从与老师或是同学的切磋与砥砺中学到了许多东西，这要比独自一人学习更有收益。因此，他们成为了一群高级知识分子中的一员。正是这些人在数个世纪以来不断地推动着历史的车轮，而在史册上也闪耀着他们光辉的名字。

伟人之所以能够到达那样的高度，与他们早年所接受的教育是分不开的。教育不仅让他们赢在起跑点上，更让他们比别人前进得更快，有能力担当更为重要的职位。

锡拉库扎大学的校长戴尔在谈到一个人如何定位好自己，找准自己的位置时，这样说道："你对自身能力的评价以及思考的全面性或是真实性，这些都决定你自己的运行轨迹。一个膨胀的球体不可能绕着土星的轨迹运行。两者之间的直径取决于两颗恒星的密度以及质量。人们常常喜欢谈论财富、朋友以及许多成功的偶然因素，这种对成功的看法是不全面的。那些真正具有能力以及才华的人始终会发光。星星总会找到属于自身的轨道，这种轨道是固定的且被某种无法更改的法则牢牢掌控。但是，我们首先要做那颗‘星星’，然后自然就会找到属于自己的轨道了。这取决于我们与其他‘星星’以及处于永恒运动空间的关系。”

星星为进入轨道所做的准备或是轨道为迎接星星所做的准备，这两者与我们在世上最优秀的学府所接受的最高级的心智锻炼密不可分。一个人在大学里面所学到的语言、历史知识或是一些科学知识的细节可能随着时间的流逝而忘怀，但是，大学赋予我们充盈与美丽的人生以及无限的能量将永伴我们一生。

第四章
论家庭教育

一个人品格的塑造，家庭是第一所学校，也是最为重要的一所学校。人从娘胎里呱呱坠地，就要受到家庭本身所附带的最好的或者最坏的道德熏陶，正是家庭里的这些道德品质培养了他们的行为准则，而且将会贯穿于他们的一生，直至生命的最后一刻。

有一句广为人知的格言：“行为举止造就了人。”还有一句格言叫作“心灵造就了人”。然而，比这两句格言更为千真万确、更能让人信服的一句格言就是：“家庭造就了人。”因为家庭的熏陶，不仅能塑造人的行为举止和心灵，还能塑造一个人的品格。在家庭生活中，一个人的心灵开始敞开，习惯便开始形成，理性也开始萌芽觉醒，善良或者邪恶的品格也便开始初具雏形。

家庭，不管它本身是纯洁的还是肮脏的，都将是产生管理社会的原则和规则的源泉。众所周知，法律本身不过是写照家庭的一句句条款。在家庭生活中，父母对孩子的心灵播下的哪怕是最为细小的思想火花，到后来这些思想的火花也会向整个社会迸发，从而影响到全体国民。

民族的振兴从托儿所就已经开始，因此，那些管教孩子的人所产生的影响，比那些管理政府的人产生的影响还要深远。朱勒·西蒙所著的《职责》一书中记载道：“公民的道德，除非在私生活和家庭生活中有着良好的开端和奉献精神，否则，只不过是伪装出来的德行。试想，一个对自己的孩子没有爱心的人，不可能对人类表现出真正的爱心。”

家庭生活应该为社会生活提前做好准备，而且，一个人的心灵和品格应该首先在家庭生活中形成，这是一切社会发展所形成的自然秩序。一个人首先要在家庭生活中学会独立，与人交往，并彼此适应，等到他成长为社会人后，才能立足于这个社会。一个人必须要从家庭生活走向社会生活，从儿童时期慢慢成长为一个公民，因此，家庭可以称作是对文明社会最有影响力的学校。因为就文明本身而言，归根到底要转化成对个人的训练，而作为社会元素的每个成员，在青少年时期所受到的良好的或不良的教育 决定了整个社会文明程度的高低。

任何人哪怕是最有才智的人，其早年所受到的道德环境的熏陶，都会对其一生产生强有力的影响。因为每个人来到这个世界时都是孑然一身、无依无靠，他必须依赖于周围的人并从中获得营养和教育。一个人从他的第一次呼吸开始，他所受到的教育也便开始了。当一位母亲带着她四岁的孩子，向一位牧师请教她应该在什么时候开始对自己的孩子进行教育时，这位牧师回答说：“夫人，如果您还没有开始对孩子进行教育，那么，您已经耽搁了四年的让孩子受到教育的时间。其实，从婴儿脸上第一次露出微笑开始，您就应该抓住机会开始进行教育。”

其实，在这个事例当中，在母亲带着孩子去请教牧师时，她的孩子已经潜移默化地受到了很多教育。因为小孩能通过简单的模仿进行学习，而这种学习不需要外界的逼迫，他们几乎是在任何时间任何地点抓住任何机遇，就在“偷偷地”进行模仿。有一句阿拉伯谚语说：“一棵无花果树看着另一棵无花果树，就会变得硕果累累。”小孩子也是如此，他们的第一位伟大的导师就是“示范”！

在儿童性格的形成过程中，不管多么微小的影响都会贯穿其一生。儿时的品格形成构成了成年时品格的核心，所有成年后的教育都只不过是在儿时品格的基础上进行的一次次叠加，但是晶核的形式却没有发生变化。因此，正如有句诗词所说：“儿童是成人之父。”或者就像密尔顿所说的那样：童年预示了一个人的一生，正如早晨预示着一天一样。

那些持续时间最长、扎根最深的推动力，往往结缘于我们出生之时。正是在那时，美德或邪恶、感恩或感伤的基因首次移植于人的身体，从而决定了一个人一生的品格。

儿童往往是站在一个崭新世界的大门口，对其中的一切事物都充满着新鲜感和好奇心。起先，他们会四处观望，不久，他们便开始观察、领悟、分析比较、模仿，把对事物的印象和思想牢记在心。这个时候，倘若他们能得到悉心的指导，那么，他们所取得的长进会让人惊诧和喜悦。

布鲁姆爵士通过研究发现，小孩在十八个月至三十个月这段时间，对物质世界、对自己的能力、对其他物体的属性，甚至对自己的心灵和对他人的心灵，都会有一番领悟。这些领悟会比他在尔后一生中所获得的领悟还要多出很多。在这一时期，一个小孩儿在生活中所积累起来的知识，与他在心灵中所产生的思想，就显得至关重要，以至于那些在剑桥大学取得数学学位的人，或者是那些可以称得上牛津大学一流学者的人，也变得不值一提。因此，假如一个人学到的东西可以擦掉的话，那么，一个小孩儿在此期间所学到的东西要用一生的时间来清除，而这些学者的学问不用一周的时间便可全部清除干净。

儿童时期，心灵的大门毫无遮拦地敞开着，时时准备接纳新鲜事物。这时的他们，不仅接受能力强，而且记忆力强。一个人在少年时学到的本领，好比刻在石头上，很难遗忘。据说，斯科特在学会读书写字之前，通过他母亲和祖母的朗诵，便已对民族文学如痴如醉。一个人的童年就像一面明镜，在日后的生活中反射着最早进入他生活的东西。还有，第一次在孩子生活中出现的事情，也必将影响其一生。这些事情往往就是第一次喜悦、第一次悲伤、第一次成功、第一次失败、第一次辉煌、第一次灾难，它们共同构成了一个人一生的生活背景。

与此同时，一个人的品格也正经受着锤炼，同时也在不断地进步和完善。他们的性情、意志和习惯，都将成为日后幸福生活的依托。虽然人在日后的发展中具有一定的自我调节、自我拯救的能力，对周围的环境具有相对独立的能力，对周围的生活具有一定的适应能力，但是，幼年时期所形成的先入为主的偏见，对道德品格的影响是巨大的。诚然，即使把一个心灵最为高尚的哲学家放在一个日常生活极不方便、道德沦丧的恶劣环境之中，他也会变得麻木不仁、凶残无耻。试想一下，要是放的不是哲学家，而是将一个毫无免疫力、无依无靠的孩子置身于这样的环境中，他所受到的影响那就可想而知了。因此，在一个野蛮、贫困和肮脏的环境中，要想培养出一个心地善良、有着纯洁品质和道德高尚的人，是万万不可能实现的。

因此，那些将孩子培养成成年男子或女子的家庭，可以根据其对孩子的管理能力，就能区分哪些是良好的家庭、哪些是糟糕的家庭。在那些充满爱心和责任感的家庭里，他们的孩子从小就得到了智力的启蒙和良好品质的正确引导。同时，我们也可以指望这个家庭培养出一批身心健康、有所作为、乐观向上的孩子。因为经过这样的家庭培养出来的孩子，获得了必备的力量，他们会走上正直、自制和乐于助人的生活道路。

与此相反，如果小孩子生活在一个愚昧、野蛮、自私的家庭环境中，他也会潜移默化地受到这些不良风气的感染，日后成为一个粗鲁的毫无教养的人。要是将他们置身于文明生活的多重诱惑之中，他们会对社会造成极大的危害。一位古希腊哲学者就说过这样一句话："如果让奴隶去教育你的孩子，那么，你得到的就不再是一个奴隶，而是两个奴隶。"

孩子总会情不自禁地模仿他所看到的一切。对他来说，一切东西都是他的榜样，包括行为方式、体态姿势、言语、习惯和品格等。利希特曾经指出："对一个小孩来说，他一生中最重要的时期就是童年时代。在这个时期，他开始通过和别人的交往以及效仿别人的行为方式，来为自己的生活增添色彩。"

模仿，培根把它比作"全球通行的训导"。然而，榜样所发挥的作用，远远不只是口头的训导，它是孩子们行动的指南，是引领孩子们行动的无声指令。一般来讲，以身作则远胜于那些口头式的训导。倘若孩子们认定了一个榜样具有极坏的品行，那么，这位榜样即便再苦口婆心，采用最好的口头训导也无济于事。

人们会追随榜样，而不会听从训导。事实上，和自身行动不一致的口头训导不仅起不到任何作用，相反它还教人以虚伪，从而走向邪恶。即使是小孩，也能判别一个人的言行是否一致，因此，那些说一套做一套的父母，很快就会被孩子们所识破。所以，那些明里满口仁义道德，暗里鸡鸣狗盗、男盗女娼的人，企图道貌岸然地进行关于诚实的说教，是毫无效果的。

行动的模仿，对一个人的性格影响是潜移默化的，是在漫长的时间中悄无声息地完成的。这就像天上飘下来的一片片雪花，虽然每一片新增加的雪花对于整个雪堆无足轻重，也丝毫不能引起人的感官上的变化，但是，正是这一片片雪花的集腋成裘，最终酿成了雪崩。正所谓"冰冻三尺，非一日之寒"。行动的模仿，对于重复不断的行为更是如此，通过日积月累，最终形成了难以改变的习惯，也就决定了一个人的善良或者邪恶的举动。

《拉瓦那》一书中，关于“教育学”的定义是：任何一个新上任的教师对孩子的影响不会超过他的前任。假设我们把一个人的一生都当作是受教育的过程，我们会惊奇地发现：一个环球旅行家所受到的沿途民族的影响，远不及他在孩童时期家庭对他的影响。因此，在小孩儿的模仿过程中，榜样的力量是至关重要的。如果我们希望一个小孩儿能够拥有良好的品格，那么，我们就应该给他提供良好的榜样。

有一个榜样，常常在孩子们面前出现，那就是他们的母亲。乔治·赫伯特曾经说过：“一个好的母亲抵得上一百所学校里的老师。”在家庭中，母亲像磁石一般吸引着孩子们的心灵，像北极星一样对孩子的教育起着灯塔的作用。在家庭里，孩子们时时刻刻都在模仿自己的母亲。

孩子在模仿榜样时也会有所选择，因为在家庭生活中，是母亲而不是父亲影响了孩子的一举一动，所以，母亲的榜样作用是至关重要的。关于这一点，也是不难理解的。家庭是女人的管辖区，在这里女人是家庭的国王，对家庭实行着全面的控制。她对每一个细小的物体都拥有绝对的权力，小孩儿如果要获得任何东西，都要经过她的批准。因此，小孩儿也在无意之中观察和模仿他的母亲，以便使得自己将来也要拥有这份“至高无上”的权力。

科雷在谈到幼年时期所受到的影响和移植于自己心灵的思想时，他将这一切比作“刻在一棵小树树皮上的字母”，随着小树年岁的增长，树皮也在增大，字母留下的痕迹也随之增大，字母对于小树的影响也在逐步扩大、日益明显。一个母亲在孩子幼年时期所留下来的印象，不管多么微弱，却是孩子一生不可磨灭的。当时植入心灵的思想就像埋在地下的种子，在这里萌发，生长为日后的行动、思想和习惯。因此，母亲的德行操守在自己的孩子身上得到了再生。孩子们呢，也在有意或者无意当中模仿着母亲的行为举止、言语和生活方式。母亲的习惯成了他们的习惯，母亲的品格自然也会渗透到他们的品行当中。

母爱是我们人类可以看得见的神灵，它的影响是永恒和普遍的。在对每一个新生生命进行教育的同时，每一位善良的母亲在生活中对子女的重大影响，将随着孩子的年岁的增长而永远地延续下去。每一个人来到世界上，都要参加劳动、产生焦虑和经受考验，当他们遇到麻烦和身陷困境的时候，他们都会跑去向母亲垂询，或者从母亲那里寻求安慰。在母亲离开人世之后，她所移植于孩子心灵的纯洁和善良的思想，依然通过子女转化为善良的行动。或者当她在这世界上只留给人们美好回忆的时候，她的子女带着她的思想已经长大成人，那么，这位母亲依然是圣洁的，值得人们尊敬。

我们可以毫不夸张地说，这个世界是幸福还是不幸，是开化还是无知，是文明还是野蛮，在很大程度上都取决于女人在她的家庭中所运用的各种权力。爱默生曾极有见地说过：“对文明的唯一衡量标准，就是那些善良女人所影响的结果。”甚至有人说，孩子最终将成为一个什么样的人，主要取决于他从第一个最有影响力的教育者那里所接受到的训练和榜样的示范，因此，我们的子孙后代都孕育在那个睡在母亲怀抱里的孩子身上。

女人超出于其他教育者的地方，就在于她们能对孩子提供人性的教育。男人是人类的头脑，女人则是人类的心灵；男人对人类最大的共享在于能理性思考，女人对人类的突出贡献就在于她们的思考过多来源于感情；男人是力量的象征，女人则是文雅、华美和快乐的象征。换句话说，即使是最优秀的女人，她对世界的理解力也主要是通过感情来获得的。因此，尽管男人可能提供智力支持，但是，感情的开发却是由女人来完成的，而品格的形成主要依托于情感。男人能充实人的头脑，而女人占有的却是一个人的心灵。对于事物的认识，男人只能使得我们去相信它，而女人却能使我们去热爱它，因此，一个人美德的养成主要受女人的影响。

在一个人品格的熏陶和发展过程中，关于父亲和母亲各自的影响作用，我们可以通过圣·奥古斯丁的一生来加以说明。奥古斯丁的父亲是撒杰斯特地区的一个穷苦市民，他为儿子的非凡才华感到骄傲，力图教给儿子渊博高深的学识。为达到这一目的，奥古斯丁的父亲做出了巨大牺牲。正如他的邻居所说的，“花在他儿子身上的金钱，已经远远地超出了他的经济能力”。然而，奥古斯丁的母亲莫妮卡培养孩子的方式却与其丈夫不同，她为了将儿子的心灵引向最崇高的善良，于是悉心地呵护他、劝导他、引导他。在这一过程中，因为儿子生活的不检点，莫妮卡也曾有过痛苦和沮丧，但她仍然坚持不懈地开导儿子，用至善的良心去感染儿子，最终，她不仅改变了极有天赋的儿子，也同时改变了自己的丈夫。后来，奥古斯丁的父亲过世，奥古斯丁要求母亲跟随自己前去米兰生活，出于对自己儿子至深的爱，莫妮卡决定听从儿子的建议，前往米兰继续照料儿子。到了奥古斯丁三十三岁时，莫妮卡驾鹤西去，但是，奥古斯丁回忆时，一直不忘母亲对自己一生的影响。奥古斯丁经常跟周围的人说：“在我幼年时期，我母亲莫妮卡对我的表率作用和谆谆教诲，在我心灵里打上了深刻的烙印，并因此决定了我一生的品格。”

父母在孩子幼年时期对孩子的影响，会在他们心灵上留下深刻的印象，即便在日后也会最终转化为善良的行动。然而，这种良好品质的影响有时也会打折扣，或者事与愿违。因为在父母的良好德行影响孩子时，在这中间，孩子可能还要经受外界的自私和邪恶的干扰。有时，当父母竭尽全力地教导孩子形成正直和高尚的品格时，他们的努力可能会徒劳无功，这就好比一个人对另一个人施恩，但是另一个人并没有图报的良心，这样的事情在我们生活中已屡见不鲜。关于这样的事情，我们不要感到无助和悲观，有时也能有意外的转机。比如在父母去世后很久，有的十年、二十年，有的或许会更远一些，那些父母的善意的口头训导和在年幼的子女面前的表率作用，最终会发芽开花，结出硕果。

在这类事例中，最有代表性的是约翰·牛顿。他是奥尔尼教区的牧师，也是诗人库珀的朋友。在约翰的父母去世后很久，他自己已经是一名海员，早已度过了放荡不羁的青少年时期。有一天，他突然良心发现，自己心里有一种深深的罪恶感挥之不去，母亲的声音仿佛又在耳边响起，母亲对自己的教诲好似在脑海中翻腾，引导自己浪子回头，指引自己去追求善良和美德。

一个人的品格养成主要是在幼年时期。当一个人进入成年时期时，那些幼年时期所形成的品格，一般都能保持下来，并且逐渐稳定下来。“不管你能活多少岁，”塞西说道，“第一个二十年，将是你一生中最为漫长的一半。”确实，正如塞西所说，第一个二十年是人的一生中最能富于成果的黄金时期。沃尔科特博士习惯于造谣中伤，以及长年纵情声色，结果染上了重病，气息奄奄。一位朋友问沃尔科特博士：“您是否还能做什么事情，使得自己感到满足呢？”这位垂死的人急切地回答说：“是的，只要能让我返老还童。”倘若让他再次年轻，他或许会痛改前非、改过自新。但是，这一切都已为时太晚，沃尔科特博士的生命早已被习惯的锁链牢牢束缚，他已然成为习惯的奴隶。正如圣・奥古斯丁在《忏悔录》中谈到习惯的力量时指出：“我的意志一旦被敌人俘虏，它们就会为我铸造一条锁链，将我牢牢缚住。因为前进的意志是由贪欲构成的，这种贪欲也注定要成为一种习惯，而这种习惯又不可避免地要成为生活的绝对必需。综合以上这些原因，敌人为我铸造的这些链环，环环相扣，构成了一条牢不可破的锁链，让我成了它们的俘虏。”

作曲家格雷特雷认为，女人作为品格的教育者是极为重要的。格雷特雷尊重女人关于品格的教育，这一思想是极为深刻的，他时常将优秀的母亲刻画成“自然的杰作”。他说，优秀的母亲在家庭中营造良好的道德氛围时，她们也为人类的精神世界提供了丰富的养料，就像男人们为物质世界的进步提供了丰富的养料一样。女人们在理性的指导下，以温和的性情、善良和友好的品质，营造了一个欢乐、如意、祥和的氛围，这种氛围不仅适于纯洁的品格的生长，而且也适于刚毅性格的形成。因此，女人为人类的进步所做的努力，是男人不可比拟也无法超越的。

哪怕穷得家徒四壁，只要有一个善良、节俭、乐观的女人料理家务，这样的家庭仍然是舒适、温馨和幸福的。受这样的女人影响，家庭成员之间就能和睦相处、关系融洽，这样欢乐的家庭不仅会受到人们的喜爱，而且也会成为人们心灵的神圣殿堂、躲避生活风暴的港湾、劳累之后休息的乐园、不幸之时寻求安慰的处所、诸事顺遂时的骄傲，以及在任何时候都引以为乐的源泉。

不管是在青少年时期还是在老年时期，良好的家庭都是最好的学校。在这里，年轻人和年老者都学会了快乐、忍耐、自制、奉献和责任心。在谈到乔治·赫伯特的母亲时，伊扎克·沃尔顿说：“她极有分寸地管理家庭事务，既不过于苛刻，也不会尖酸刻薄；在孩子们的娱乐活动中，她十分温柔、和蔼，因此，孩子们都十分乐意同她在一起，而孩子们的这一举动，也时常使她自己感到欣慰和满足。”

家庭也是最好的礼仪学校。在这里，女性往往是最优秀的能为人师表的导师。法国普罗旺斯人有这样一句谚语：“没有女人，男人永远只是少不更事的毛头小伙。”伯克曾经指出：“博爱是以家庭为中心发散开来的，因此，在社会活动中，热爱我们所属的那个家庭小群体，是热爱其他公益事业的感情基础。”在神圣不可侵犯的家庭圈子里，那些最明智和最优秀的人，不会因为自己的才智低于孩子而感到耻辱，相反，他们会因此而感到快乐和幸福。在家庭生活中，那些心地纯洁、有责任感的人，也为他们日后在公职生活中要拥有的道德心和责任心奠定了坚实的基础。所以，一个热爱自己家庭的人，也会毫不含糊地热爱和服务自己的祖国。

然而，家庭并不都是培养品格的最优秀的学校，它们也可能是最糟糕的学校。从儿童期进入成年期，在这期间多少不幸都是由家庭的无知造成的。把孩子托交给一位愚昧无知的女性去抚养，他日后就会毫无教养、无可救药。假如一位母亲好逸恶劳、心术不正、行为放荡，在家庭中吹毛求疵、性情暴躁、极不安分，那么，家庭就会成为充满不幸的人间地狱——人人唯恐避之不及，更谈不上一往情深地迷恋。在这样的家庭中长大，对孩子来说是一种极大的不幸，会让他们具有道德缺陷和在道德方面发育不良——这不仅会给他们本人带来灾难，而且也会给社会中的其他人带来不幸。

拿破仑·波拿巴总是习惯于说：“一个孩子行为举止的好坏，完全取决于他的母亲。”拿破仑将自己在生活中的成就，很大程度上归功于他在家庭生活中母亲对他的意志、力量、自制等方面的磨炼。一个拿破仑的传记作家说：“除了拿破仑的母亲以外，几乎没有人能指挥得了他。他的母亲总是通过诸如温柔、严厉而又极有分寸的方法，让他热爱、尊敬和服从自己。从拿破仑母亲那里，拿破仑学到了顺从的美德。”

1850年，在塔夫勒尔先生的《关于英格兰和威尔士联盟教区附属学校的调查报告》中显示：孩子们的品格取决于他们的母亲。塔夫勒尔先生写道：“有人告诉我，在一家大工厂里，老板聘用了许多孩子。这个工厂的经理们在录用某个孩子之前，往往要询问孩子们关于自己母亲的品格，如果经理们对这位孩子母亲的品格感到满意，他们也就会对这位孩子将来的行为举止放心，也就能聘用他们。相反，这些经理却对孩子们父亲的品格漠不关心。”

我们通过调查，也发现了这样的事情：在有的家庭中，父亲的品行极差，常常酗酒、偷鸡摸狗，但是，只要母亲勤俭节约、通情达理，这个家庭就能保持得完整，孩子们日后的生活照样可以飞黄腾达。但是，与此相反的事情却并不多见：在一个家庭中，如果母亲品行不端，不管父亲的言行举止多么有教养，他们的孩子在日后生活中很难有所作为。

然而，女人在孩子们的品格形成过程中的影响究竟有多大，对此我们仍然知之甚少。由于家庭纯属私人生活空间，女人们在僻静的家庭中默默无闻、任劳任怨、尽职尽责，她们的业绩也便鲜为人知。正因为如此，即使在杰出人物的传记作品中，描述母亲对他们品格和志趣爱好有所影响的文字也并不常见。然而，女人们并不计较这些得失，她们所实施的影响虽然没有载入史册，但是在后世人的生活中却充满活力、发生作用。

我们经常能听到杰出男人的名字，却较少能听到伟大女性的名字，可是，我们却能经常听到善良女人的名字。女人锻造了人类良好的品格，仅此一项伟大的事业，比她们画出世界名画、创作不朽的文学名著和戏剧，要绚丽夺目得多。“千真万确的是，女人没有创造出什么杰作，”约瑟夫·德·梅斯特尔说，“她们没有写出《伊利亚特》《拯救耶路撒冷》《哈姆雷特》《菲德尔》《失乐园》《答尔丢夫》；她们没有设计出圣·彼得教堂，没有创作出《弥赛亚》，没有雕刻出《阿波罗瞭望塔》，没有画出《末日审判》；她们也没有发明代数学、望远镜、蒸汽机。但是，她们却做了比所有这一切更为伟大、更为优秀的事情，那就是每一位正直和高尚的男人或女人，都是在她们的膝下调教出来的，而这些，才是世界上最为杰出的作品。”

德·梅斯特尔在自己的书信和作品中，怀着无比的热爱和无限的崇敬谈到了他的母亲。在德·梅斯特尔眼里，母亲的高贵品质是所有其他女性可望而不可即的。他将自己的母亲描写成“一位崇高的母亲”“一位上帝借体还魂的天使”。他还将自己的品格、志趣爱好和善良天性，归功于自己的母亲。不仅如此，当德·梅斯特尔进入成年，担任圣·彼得堡使馆大使时，他说母亲的言传身教影响了他的一生。

塞缪尔·约翰逊尽管其貌不扬，还不修边幅，但是，他却有着迷人的人格魅力。他的和蔼可亲最让世人倾倒，而他却说自己这种品格来自他母亲的调教。在克罗克所著的《博斯韦尔》一书中，记载了这样一件事：当时塞缪尔·约翰逊已经年过半百，他的母亲已是九十岁高龄，而约翰逊在1759年1月曾多次给母亲去信，说自己被世人所爱戴的品格完全出自母亲的亲身调教。约翰逊还说：“我母亲是一位领悟力极强、最让我崇拜的女性，以至于在我最困难的时期，我也要从最为微薄的收入中匀出一点钱，让我的母亲过得舒服一些。”后来，约翰逊写作了《阿塞拉斯》一书，用稿酬偿还了母亲的一小笔债务后，拿着剩下的所有稿酬支付了母亲的丧葬费用。

另一则事例，我们能从杰拉德·斯巴克斯所著的《华盛顿的生活》一书中看到女人对于家庭的贡献。乔治·华盛顿是其家庭里五个子女中的老大，在他年仅十一岁时，慈父去世，母亲成了寡妇。然而，他的母亲却是个极为优秀的女性，她富有很强的人格魅力，且又足智多谋，擅长生意买卖，是个十分难得的管理人才。除了五个子女需要她来教育和抚养外，还有一大堆的家务需要她来料理，同时，还有面积广大的种植园需要她来经营，但是，华盛顿的母亲凭着自己的理智、勤勉、温柔、节俭和机警，付出了辛勤的劳动，游刃有余地克服了重重障碍，终于得到了丰厚的回报。在她的勤劳和善良的品行影响下，她的五个孩子都顺利地进入了生活，而且一个比一个前程美好。他们在各自的领域中大显身手，不仅为自己赢得了荣耀，而且也为教给他们生活准则、行为方式和习惯的母亲，赢来了至高无上的荣誉。

给克伦威尔写传记的作家弗斯特，很少在作品中提及这位护国公的父亲，但是却不惜笔墨、不厌其烦地详细描述了克伦威尔母亲的品格。弗斯特把她描述成一位精力过人、办事果断的女性。即便在最为孤立无助的情况下，这位优秀的女人还有着非凡的自救能力。不仅如此，即使在极为不幸的处境中，她仍然有寻求解救的精神和力量，这种精神和力量与她的温柔和耐心相比也毫不逊色。凭借她劳动的双手，她给五个女儿的嫁妆，远远超过当地称得上富豪们的财产。她也极富爱心，正直诚实，即便生活在豪华的英国政府宫殿里，她仍然生活俭朴，就连平常的酒宴，她也只饮用早年在亨廷顿郡时喝的那种普通啤酒。她根本不在乎财富和权力，唯一在乎的就是儿子的安全，因为儿子处在极其危险的显赫之中。

纳皮尔三兄弟从父母身上都受益匪浅，特别是从他们的母亲萨拉·尼诺克丝夫人身上。在他们童年时期，他们的母亲总是力图用崇高的思想激发儿子们的心灵，教他们崇尚辉煌的业绩，引导他们养成一种骑士精神。后来，这些品质都在他们的生活中体现出来，从而支持他们在人生的道路上尽职尽责、洁身自好，并至死不渝。

在政治家、律师和宗教学家的谈话中，我们发现他们特别喜欢提到大法官培根、厄斯金和布莱汉姆的母亲，她们都是具有非凡才能的女性，而且最为重要的是，她们的学识都很渊博，见多识广。坎宁、卡南、亚当斯总统、赫伯特、佩利和韦斯利等人的母亲，也同样具备这些优秀的品质。布莱汉姆爵士在谈到罗伯逊教授的妹妹时，就像谈到他自己的祖母一样充满敬意，她教给了布莱汉姆孜孜不倦地追求各种知识的首要原则，而这一原则成了贯穿布莱汉姆一生的最突出的品格。

罗伯特·贝尔所著的《坎宁的一生》一书中记载道：坎宁的母亲是位禀赋极高的爱尔兰妇女，她的儿子坎宁也同样是个天分很高的人，但是她的儿子对她一生都无比热爱和无限崇敬。坎宁母亲的智力非常人能比，正如坎宁的传记作者所说：

“事实上，如果不是亲眼所见，我们不敢相信这是事实，因为只要稍稍了解坎宁母亲的人，都会被她那种奇特的品德魅力所迷住。她的谈话充满活力，能鼓舞人心，她选择的话题新颖而有吸引力，从来都不落俗套。不仅如此，她的行为举止富有个性特征，通过和她交往，周围的人能感受到她身上有一种伟大的精神力量，因此，她被生活在那个圈子里的人爱戴。坎宁如此深爱自己的母亲，他自始至终依恋的就是母亲那十分难能可贵而又令人倾倒的品格。”

由卡南的儿子所著的《卡南的生活》里，有这么一章：卡南的母亲是位悟性很高的女性，他经常怀着极其深厚的感情谈到自己的母亲。卡南甚至将自己在生活中的所有成功，全部归因于他母亲明智的劝导、始终如一的虔诚以及她教给孩子们的可贵的抱负。卡南过去总是说：“我从我可怜的父亲那里继承下来的、唯一的、可以值得夸耀的东西，就是这一张不是很吸引人的脸蛋和像他本人那样的一副身材。如果说这世界给了我什么东西，而且比我这张脸蛋和这副身材以及世俗的财富更可贵的东西，那就是我亲爱的妈妈给了我无穷的精神财富。”

当美国前总统亚当斯视察波士顿女子学校时，学生们的致辞深深地感染了他，因此，他利用致答辞的机会，谈到了女性对他的训练，以及女性社团在他的个人生活和品格中所产生的影响。亚当斯说：“小时候，我最感谢上帝，因为上帝赐予了我一位非常出色的母亲，她经常为自己的孩子担忧，而且她自己还有能力让孩子形成良好的品格。我从母亲那里得到了很多教导，这其中有关于宗教和道德的教导，它们在我的生活中发挥了极为强大的作用。我不敢说这些教诲是尽善尽美的，但是我敢说，在我的生活中，我做事的不完美或者对她的教诲产生背叛的话，都是我自己的过错，而不是我母亲的责任。我只有这样说，才是对我可敬的母亲的一种公道。”

在历史长河中，韦斯利兄弟是至善至美的代言人，他们与父母亲的关系十分密切，但是，在对他们心灵和品格的教育与影响方面，他们的母亲远远要多于父亲。他们的父亲是个意志十分坚定的人，但是在家庭中有些过于严厉和独断。韦斯利兄弟的父亲曾经一度决定抛弃自己的妻子，因为她不肯违背良心，同意丈夫为当时执政的君主写下祷告文。韦斯利兄弟的父亲这一休妻想法，直到威廉三世意外死亡之后，才改变了当初轻率做出的决定。在对待孩子方面，他也表现出同样的专横，他甚至强迫女儿麦哈特波尔违心地嫁给一个她根本不喜欢也根本配不上自己的男人。

韦斯利兄弟的母亲具有极强的理解能力，酷爱真理，她非常温柔、具有说服力、慈爱而且俭朴。她不仅是孩子们良好的导师，而且是他们快乐的玩伴。正因具备了这两种素质，她渐渐地成为孩子们效法的楷模。韦斯利兄弟的母亲从小对孩子们进行宗教信仰方面的熏陶，使他们心里产生了一定的倾向，因此在他们还年幼的时候，就已靠近了分类学的门槛。1709 年，当塞缪尔·韦斯利还是威斯敏斯特的一位学者时，他的母亲在给儿子的一封信中写道：“我建议你尽可能地从事某一种方法的研究，这样你就可以充分利用每一分宝贵的时间，找到一种不可言说的简便方法，甚至能游刃有余地完成你的各项工作。”接着，她继续描绘了这种“方法”的好处，告诉儿子“任何事物都按照一定的规则在发生作用”。

在诗人、文学家和艺术家的生活中，母亲的感情和志趣爱好，毫无疑问地会对她们的儿子产生巨大的影响。格雷、汤姆森、司各脱、塞西、库尔沃、席勒和歌德等人的生活，就是典型地受到了他们母亲的影响。英国诗人格雷，他的母亲是个集友善、正直、博爱于一身的大爱至善的人，而他的父亲却是个过于苛刻而又很难打交道的人，格雷几乎完全地继承了他母亲的品行。所以，格雷是位有些女性化的人，他腼腆、沉默寡言并且缺乏力量，但是，他在生活和人格方面是无可挑剔的。格雷的母亲在被丈夫抛弃后，独立支撑着门户。在母亲死后，格雷把她葬在斯托克普吉斯，并且在给母亲题写的墓志铭中，格雷称她为“她是许多孩子需要的有着难得的细心与慈爱的母亲，这些孩子只有一个不幸地比她活得长久”。格雷死后，根据他本人的意愿，葬在了他母亲的墓旁。

与席勒一样，歌德也把自己的志趣爱好和品格，归因于自己才华超群的母亲。歌德自己说：“我从父亲那里继承了体格以及初涉人世的感觉，但我从母亲那里却继承了快乐的天性以及对快乐的想象力，并且一生受用。”歌德的母亲生性活泼，洋溢着母爱的智慧，具有很高的激发小孩积极上进的品质，她常常以自己丰富的经验教导孩子们要学会生活的艺术。有位热衷于旅游的旅游家在和歌德的母亲畅谈一番后，说：“现在我明白了歌德是怎样成为歌德的。”歌德本人对母亲的感情极为深厚，并在自己的心灵深处留下了关于母亲的美好回忆。有一次，歌德说：“她无愧于人生！”不仅如此，后来歌德到莱茵河畔参观法兰克福时，寻访了那些曾对母亲友善的人，并对他们表示了感谢。

阿雷·谢菲尔非常热爱自己的母亲，这位画家在自己的名作《比阿特丽斯，圣·莫妮卡》和其他一些作品中，一次次地再现了母亲迷人的风采。为了儿子执着的追求，这位母亲省吃俭用，做出了巨大的牺牲。也正是这位母亲，鼓励儿子从事艺术研究，才使得儿子坚定不移地走向了艺术生涯。阿雷·谢菲尔的母亲在荷兰的多德彻特生活时，就将儿子送到利尔去学习，后来又送他去巴黎学习。当母子俩天各一方时，她给儿子的信总是饱含着母爱的忠告和女性的思念与感伤。有一次，她在信中写道：“要是你能回来看看我，那该多好啊！我一遍又一遍地看着你的照片，亲吻着照片上的你，眼泪总是忍不住地往下流，我呼喊着‘我的宝贝’。或许等你长大了，为人父母时，你就会明白，有时候我使用长辈的严厉的言辞来训斥你，使你感到痛苦，可是我自己心里却也要承受巨大的痛苦啊！你要勤奋学习，但更重要的是，要使自己做一个谦虚和谦逊的人。如果你觉得自己的技艺已高人一等，那么，你可以拿自己在不同时期创造的作品，进行作品本身的客观比较，看看你画的画是否真的栩栩如生；你还可以拿它和你心中的理想目标相对照，看看你们之间的差距有多大，这样你就会做到心中有数。通过这种鲜明的对比，你就不会自我陶醉和自以为是，而这样做对于你自己的艺术造诣，有百利而无一害。”

很多年以后，当阿雷·谢菲尔自己做了祖父之后，他还深情地回忆起自己母亲的忠告，然后反复地向孩子们讲述母亲一生的品德操守对自己的影响。因此，楷模的活力是会代代相传的，正因为这样，这个世界也就会更加新鲜、更加年轻。在格罗特夫人所著的《阿雷·谢菲尔的一生》一书中，记载了一则后来被世人奉为经典的哲理故事。1846年，阿雷·谢菲尔在给女儿玛乔琳夫人写信时，有关他自己母亲的忠告又在他脑海中浮现出来，于是，他写道："亲爱的孩子，'必须'这个词，你一定要时刻牢记，过去你的祖母总是念念不忘。事实上，在我们的生活中，只有通过我们双手的辛勤劳动，或者通过自我的牺牲，才能结出硕果。除此之外，别无他法。总而言之，如果我们想得到舒适和幸福，那么我们就必须做出牺牲。现在，我已不再年轻，在我的一生中，很少有不做出牺牲就能得到的收获。大多数情况下，我都是通过牺牲某一方面的快乐，才能获得另一方面的满足。因此，只有牺牲才能有收获，这是智者的座右铭。基督耶稣就为我们后人做出了自我牺牲的表率。"

法国历史学家麦克雷，在他的一本最著名的著作《论教士、女性和母亲》的前言中，提到了他的母亲，引起了当时社会上非常激烈的讨论。他写道："写到这里，我不能不想起我的母亲。她那顽强而又严肃认真的精神一直支持着我。三十年前她离开了我，当时，我还是个小孩儿，然而，她却一直活在我的心中，陪伴我走过了许多春夏秋冬。我现在很后悔，或者说是终生遗憾，在她生前，她和我一起经受贫穷的折磨，却没能和我一起享一天的清福。年幼的时候我无知，因此让她很失望，现在我却无法安慰她。我悲痛，那时的我实在太贫寒，我寒碜到竟然连给她买一块墓地的钱也拿不出来，到现在，我甚至连她的骨灰在哪里也不知道！我对母亲心存感激，我深深地感觉到我是她的儿子。每时每刻，我都感到母亲就活在我身边，她一直活在我的思想和言语之中，她的音容笑貌一直活在我的言谈举止、举手投足当中。正因为这样，我怀念我的母亲，我为过去流逝的岁月和所有只留下微弱记忆的东西而感到伤感。她已然不能再回来，我欠她的东西太多，怎么样才能给她一点点补偿呢？因此，我写了这本关于女性和母亲的书，或许能聊表我的心意。”

然而，母亲在给她作为诗人或艺术家的儿子的心灵以良好影响的同时，也可能给他们产生极坏的影响。拜伦爵士就是一个典型的例子，他的恣意妄为、刚愎自用、目中无人、睚眦必报、性情暴躁，从她母亲身上都有迹可循。自从拜伦出生之后，他幼小的心灵就受到了他那自以为是、目空一切、脾气火暴而且任性固执的母亲的有害影响。拜伦的母亲甚至嘲笑拜伦的生理缺陷，母子之间经常发生激烈的争吵，这一切，早已是拜伦家司空见惯的事。在拜伦逃离的时候，他母亲拿着火钳或拨火棍，无所顾忌地向他猛掷过去。正是拜伦母亲对他的这种虐待，造成了拜伦日后精神上的不健全。拜伦经常担心、焦虑、多疑，而且常常因为愤怒而肝火太盛，弄得自己体弱多病，这些不好的因素，就是他身上带着他母亲自小就留给他的那些毒素。因此，在他的《蔡尔德·哈洛德》一诗中，他声称：“是的，我的思想应该少一点儿野性，我在黑暗中冥思苦想得太久，大脑已形成了旋转不停的涡流，就像湾流般紧张过度。

当初年幼，心灵未被驯服，然而生命的春天已被人毒害。”

以同样的方式，虽然不是以同样的道路，福特夫人的品格在她那位快乐的演员儿子身上也得到了重现。福特夫人虽然继承了一大笔财产，但她很快就将这些财产挥霍殆尽，最后，她因欠人债务被关进监狱。在这种窘迫情况下，她写信给儿子萨姆，因为萨姆曾经答应每年从他的演出费中拿出一百英镑交给母亲。“亲爱的萨姆，我已因债务而进监狱，快来帮助你亲爱的妈妈。E. 福特。”对此，她的儿子萨姆写了封十分有特色的回信：“亲爱的妈妈，我也和您一样因欠债而入狱。因此，我无法履行作为儿子的义务，不能替我亲爱的妈妈偿还债务。萨姆·福特。”

我们曾经谈到华盛顿的母亲是个极为优秀的生意人。具有这样一种商业才能，不仅不与真正的女性气质相冲突，相反，它是每一个家庭获得舒适与安宁必不可少的要素。商业习惯不仅适用于商务活动，而且也适用于一切实际的生活事务，适用于一切需要安排、需要组织、需要准备和需要完成的事情。在所有这些方面，对一个家庭的管理，就像在商业活动中对一个店铺或一个事务所的管理一样重要，它要求有正确的方法，准确、组织、勤奋、节俭、纪律、策略、知识和收支平衡的能力。而这一切，就是商业的本质。因此，商业习惯对于一个想在家庭事务管理中获得成功的女人来说，与在贸易和商务活动中想要获得成功的男人一样，是必不可少的素养。

然而，迄今为止，认为商业和商业习惯仅仅只有男人才能胜任而女人无须关心的观点，仍然十分盛行。例如，在数学知识方面，布赖特先生曾经说过：“教会男孩子算术，他就会成为一个男人。”为什么呢？因为算术教给了他方法、精确、等值、比例和关系。但是，又有多少女孩子能学好算术呢？这样成功学好算术的女孩子，简直是凤毛麟角。然而，倘若这样的观点仍旧十分猖獗，那么，这样做的后果，又当如何呢？当女孩子成为了妻子，如果她对数学一窍不通，不懂得加减乘除四则运算，她就不会记下收入和支出，这样一来，一个多子女的家庭就会出现一系列的烦恼和争端。一个女人，如果不能在家庭事务管理中学会运用简单的四则运算法则，那么她们的家庭就会出于纯粹的无知，使得这个家过着奢侈的生活，久而久之，就会滋生贪婪、无节制，这样一来，就有可能会危及家庭的安宁和舒适。

方法是商业活动的灵魂，在家庭中也是极为重要的。只有通过正确的方法，工作才能顺利地完成。如果杂乱无章、毫无头绪，不仅在商业活动中难以开展工作，而且在家庭生活中也会捉襟见肘、穷于应付。方法要求守时，这也是商业活动的一个极为重要的品质。不守时的女人，和不守时的男人一样，不受人喜欢。因为她耽误和浪费了别人的时间，甚至让人觉得自己在她心中无足轻重，不值得她动作敏捷一点儿。因此，对生意人来说，方法能节省时间，也能创造更多的财富。但是，对一个女人来说，方法不仅仅是金钱，它更是构成平和、安宁、舒适的家庭所必备的要素。

精明是商务活动的又一重要品质，对女人和男人同等重要。精明来自有修养的判断，是实践证明了的人类智慧。它指的是在任何事情中都要合情合理，遵守社交惯例，明智地判断哪些事情应当去做，而且能清晰地决断应当采取什么样的方法去做。不仅如此，它还要考虑收入、时间的节省以及做事的方法。如果一个人具有了知识作为强大的后盾，那么这份精明他将比其他人更容易掌握。正是考虑到这些原因，为了使妇女在日常生活和工作中能得心应手，因此教给她们商业习惯是十分必要的。而且，女性作为孩子的护士、训练者和教导者，她们需要文化修养来给予孩子们支持和提供精神能量。

一个母亲为孩子提供的仅仅是一种本能的爱，是远远不够的。因为本能，是低等动物都具备的，它不需要经过任何的训练。但是，人类的理智，在一个家庭中是时时都需要的，而且它需要通过教育来获得。然而，上帝把一项最为重要的任务交给了女人，那就是抚育出体魄健壮的后代。女人们必须懂得，人的道德和精神属性珍藏在肉体属性之中。因此，她们的行动必须与自然规律相一致，她们对身体健康的祈祷，对精神和道德健康的祈祷，在家庭生活中，是可以通过她们自己的言传身教来获得最可靠的保证。如果女人们不懂得这样的自然规律，那么，她们的母爱往往只能在小孩儿的棺材里才能得到回报。因为在一个国度里，在出生的小孩儿中，大约有三分之一的小孩儿不到五岁就夭折了，这只能归因于女人们对自然规律的无知，对人体构造的无知，对要使用纯净空气、纯净水的无知，对保存和管理食品需要艺术的无知。要知道，即便在低等动物中，幼仔的死亡率也不会有如此之高。

造物主赋予女人的理性和赋予男人的理性一样，是用来应用和实践的，而不是给她们以毫无用处的装饰，这是不证自明的道理。造物主赋予男人或者女人的这种理性的禀赋，也是有目的的。因为造物主赠送礼物虽然慷慨大方，但从不会铺张浪费。

女人，并不是头发长见识短的一类专做苦工的人，也不是供男人闲暇时玩弄的美丽装饰品，她不仅为别人活着，而且也要为她自己而活着。在生活中，女人们要认真负责地完成指定给她们的任务，这就需要她们不仅要有一颗善良的心，而且还要有一个有教养的头脑。女人们的崇高使命，并不是要掌握那些转瞬即逝的技能，倘若这样的话，那么她们在这方面浪费的时间可能会太多，虽然这些技能会在一定程度上增加小孩子们的魅力，也能使女人们更加妩媚动人，但是，女人们会慢慢发现，这些自己教给孩子们的技能，在实际生活的事务中却很少能派上用场。

古代罗马人所崇拜的家庭主妇，是坐在家中纺织棉纱的人。在我们这个时代，有人说，标准的家庭主妇是：她的化学知识只要懂得让水锅沸腾，她的地理知识只要能分清家里的几间房子，女性有了这么多的“科学知识”就已经足够。拜伦对女性的认同是非常有缺陷的，他声称女人的书架上只能有一本《圣经》和一本关于烹饪的书。拜伦的这种关于女性品格和教养的观点十分荒谬，而且过于狭隘和缺乏理智。另一方面，有一种与之相反的观点，也是时下非常流行的观点，那就是女人应该尽可能地与男人一样，平等地接受教育；男女只能在性别上加以区分；男女享有平等的权利和选举权；女性可以和男性一样为了地位、权力和金钱，进行凶残而自私的竞争。这样的观点未免有些过分和偏激，但是它却彰显了人类社会的自然规律，强调了女性的重要，也提升了女性对社会的价值。

一般来说，对一种性别的小孩儿非常适合的训练和约束，对另一种性别的小孩儿也同样非常适合。向男人灌输的教育和文化，对女人也是同样有益的。事实上，我们提出的男人应受更高的教育的观点，同样可以用来为女人应受较高的教育辩护。在所有的家庭事务中，理智都会使女人变得更为有用和更有效率。理智会使女人思想深刻、办事慎重，使女人有能力预防和应对生活中的偶发事件，给女人提供更行之有效的管理方法，使女人在各方面更有依靠和力量。倘若女人受到了理智的训练，她们对一件事物的认识就不会过于天真和盲目轻信，就会有效地防止受骗上当。如果女性能够受到道德和宗教的熏陶，她就不会只受肉体感官的诱惑，才能有更大的力量和毅力抵制各种影响。假如教给女性以自信和自立，她们就会发现家庭的舒适和幸福，是一切正义、理性、果断的真正源泉。

但是，对女性心灵和品格的教育，应该考虑到女性自己的幸福，而绝不应该只考虑到别人的幸福。这个问题很严肃，为什么呢？因为如果女人被完全改变，男人们就不会有良好的道德品格。一个民族的道德状况主要取决于这个民族在家庭里所受的教育，因此，女人的教育问题就应该被当作是事关民族前途的问题。女人的道德纯洁和智力修养，对于提高男人的道德品质和精神力量有着举足轻重的作用。一个民族这两种力量越充足，这个民族就会越来越和谐、有序、健康、稳定地发展。

拿破仑一世曾指出法兰西最缺乏的是优秀的母亲。换言之，他的意思是，法兰西民族缺乏家庭的教养。而这一目标的实现，需要有善良、品德高尚和有理性的妇女来实施。实际上，第一次法国革命的爆发，已经充分说明了由于法兰西民族忽视了女性的纯洁给家庭带来的良好影响，才导致了社会不可挽回的灾难。当那场全国性的骚乱爆发时，社会已经充满了邪恶，陷入了堕落，所有道德、信仰和美德全都被肉欲吞噬了。女人的品格已经腐化堕落，夫妻间的忠诚已荡然无存，母爱变成了责骂呵斥，家庭和家族的伦理、尊老爱幼的道德已经被完全架空。整个法兰西已经没有了优秀的母亲，她们的孩子变得毫无约束。正因为这样，很多历史学家都将法国大革命的爆发，归因于"女人们的凶残、暴力和道德败坏的呼喊"。

波马谢所著的《费加罗》一书，反映了上层社会和下层社会在两性关系方面具有一致的道德水平，在法国大革命爆发后不久，这本书受到了数以万计的人的推崇。为此，赫伯特·斯宾塞在《社会静力学》一书中解释道："你可以任意给人们贴上'上层社会''中层社会''下层社会'的标签，但是，你无法阻挡他们成为一个整体。因为他们具有同样的时代精神、同样的品格，以及同样的商业规则。其实，大家都知道，作用力和反作用力是相等的，这条物理学规律也同样适用于社会道德。一个人对另一个人的行为，不管是好是坏，这种行为最终会对两个人都产生同样的影响。只要让他们发生关系，那么，种姓的划分、财富上的差异，都不能阻碍他们走向融合……个人对社会的适应，虽然要经历一个较为漫长的过程，但是，却使一个民族的品格趋向一致。而且，只要这种融合还在继续发生，那么，想人为地让社会中的某个阶层，在道义上不同于其他阶层，是万万做不到的，也是愚不可及的。只要你发现哪一个阶层堕落了，那么，这种堕落的风气就会向其他所有的阶层蔓延，最终这个社会就会沦落到具有一致的极为低下的素质。也就是说，如果一个国家的一部分人感染了腐败的病毒，那么，其他的所有人也不能幸免。”

纪律、忠顺、自我控制和自尊，这些优秀的品质，只有在家庭中才能学到。但是，法兰西民族还没有意识到这一点，没有从惨痛中吸取教训，依旧一意孤行，以致让法兰西人民一次又一次地陷入水深火热之中，经受着痛苦的煎熬。据说，拿破仑三世把法兰西力量的弱小，归因于民众举止的轻浮、缺乏自我约束力、太热衷于肉体享乐，所以才导致了自己的祖国在征服者的脚下呻吟和流血。不得不承认，拿破仑三世本人并没有花天酒地、追求享乐，但是，法兰西要想改变这种现状，跻身于世界优秀民族之林，那么，它就必须像拿破仑一世所指出的那样，在家庭中重视优秀母亲的教育。

在世界各地，女人的影响都是一样的。不管在哪个国家中，女人们的道德品质都影响着这个民族的道德、行为方式和品格。哪个社会的女人品质恶劣，哪个社会的品质也就恶劣；哪个社会的女人道德高尚、有教养，哪个社会也就繁荣、进步。

因此，对女人的教导也就是对男人的教导，对女人品格的升华也就是对男人品格的升华。国家只不过是家庭的结果，民族只不过是母亲的结晶，所以，女人精神的解放是整个社会精神解放的延伸和保证。

第五章

论教育改革的目标

上个世纪，尽管我们在科学发现和生产增长方面取得了辉煌的成就，但是在精神方面却是失败者。精神上的失败造成了令人悲哀的结果，诗人克拉夫[①]因此心碎，卡莱尔[②]从一个思想家变成了一个骂街的人，而马修·阿诺德[③]则从诗人变成了一个散文作家。

失败的秘密在于推动人类发展的多种巨大力量之间失去了联系，不能再相互提供支持。艺术和工业失去了至关重要的关

---

① 克拉夫（Arthur Hugh Clough，1819—1861），英国诗人、教育家。代表作：《托布纳利奇的小屋》《不要说斗争是徒劳无益》等。

② 卡莱尔（Thomas Carlyle，1795—1881），苏格兰评论、讽刺作家、历史学家。他的作品在维多利亚时代甚具影响力。代表作：《英雄与英雄崇拜》《法国革命史》《衣裳哲学》《过去与现在》等。在《英雄与英雄崇拜》中提出“历史除了为伟人写传，什么都不是”的观点。1865 年被任命为爱丁堡大学校长。

③ 马修·阿诺德（Matthew Arnold，1822—1888），英国诗人、文艺评论家、作家和教育家。代表作：《多佛海滩》《文化与无政府主义》《论新秩序下的教育》《凯尔特文学研究》《马修·阿诺德诗选》等。

系，工作脱离了乐趣，政治经济学与人的道德发生冲突，科学与宗教势不两立，行动与思想不相符合，存在与外观大不一样，最终的结果是：个体被认为所具有的权利和利益与社会权利和社会利益发生了激烈的冲突，而事实上本来是社会的组成成分的个体却站出来反对这个社会，它的对立情绪有时非常强烈，某个伟大的思想家也许可以就此写出一部题为《个人对抗国家》[①]的书来。结果，国家分裂相互对抗，劳工对抗资本家，城市对抗乡村，性别对抗性别，孩子从内心对抗父亲，教会与国家进行斗争，最糟糕的是，教会之间也在相互争斗着。

整个社会的不和谐不可避免地在教育领域得到了反映。国家的初级学校被分成相互冲突的两大群体，一道不可逾越的鸿沟将其分隔成了文法学校和中学，而文法学校反过来一面与公立学校相隔绝，一面又与艺术学校、音乐学校和技术学校相隔绝。它们之间失去了凝聚力，没有共同努力，没有相互支持，没有长远的发展计划，也没有在思想上达成共识。

这一事实本身足以说明 19 世纪西方文明的效率低下、意志消沉、言行虚伪、持续动荡等特征。如果人类的生命之树将其巨大的生命力耗费在相互进行战争上，又怎么可能会开出鲜花，结出硕果，消除国家之间的分歧呢？

假如要想从展现在我们面前的这个世纪获得什么不同的体验，那么就必须借助教育的力量才能使其做出改变。教育这门学科所研究的是世界未来的发展前景，其他学科研究的则是事

---

①《个人对抗国家》（*Man versus the State*），英国哲学家、社会达尔文主义之父赫伯特·斯宾塞的代表作。

物的本来面目，将其发现的规律性的东西系统地进行阐述，然后制定成法律规章予以推广。教育总是将目光锁定在未来，而各种各样的哲学则按照教育的路线直接勾勒出了理想国的轮廓。

因此，教育的目标必须要有高度，也必须要有宽度，而且必须与生活密切结合，共同扩散。教育的进步需要全社会的努力，必须要沿着整个阵线开展，而不能仅仅局限在一个小的部门。画家威廉·莫里斯①在作画时总是会提及，让他感到烦恼的通常是画框；如果有什么东西受到了画框的约束，脱离了生活，那么他就无法进行作品的构思。正如威廉·莫里斯希望将生活的全部都画出来一样，教育也有同样的希望。教育不能被局限在某个框子里，从大的方面与政治稳定和社会安康分离开来；生活的方方面面与教育都是密不可分的。教育的本身并不是一个末端，最多是面对每一个个体；教育会对个体产生作用，但是最终通过个体又会对群体产生作用，它的目标与正常秩序的人类社会所追求的目标并无二致。

为了应对这些条件所规定完成的任务，教育必须免费，新的时代需要新的教育。就目前的情况来说，我们应当将在教育中占有优势地位的一些传统做法列成清单，然后逐个接受挑战，好的传统必须要保留，要么就进行吸收或同化；衰落的传

① 威廉·莫里斯（William Morris，1834—1896），英国艺术与工艺美术运动的领导人之一。世界知名的家具、壁纸花样和布料花纹的设计者兼画家。他同时是一位小说家和诗人，也是英国社会主义运动的早期发起者之一。

统必须报废，并彻底丢弃。在现有方式下存在的教育行政机构也不能被认为是理所当然就应当存在的；除非它们能够展现出强大的适应能力和发展能力，借此表明自己还有活力，还没有死亡，否则的话，这样的机构也必须被撤销或者抛弃——而老家伙们是喝不惯新酒的。教育必须重新获得它在文艺复兴时期所拥有的东西——导向的力量。教育必须为自己的命运做主。

此外，如果想要将教育当成一种力量，用来促进合作，避免冲突，那么它本身就绝不能自相分裂。教育必须永远地抛弃分裂行为和势利行为，消除内部的误解，不能再像学究和政客那样热衷于口诛笔伐的论战。为了鼓励和刺激从幼儿园到大学的整个教育行业的发展，新的团结一致的意识必须要从现在开始培养，并最终促使教师注册委员会建立，依托这个组织，教育的各种类型以及各种状态都能够得到完美的体现，就这一点而言，教育在未来还是大有希望的。

追逐物质利益的人及时地看到了自己的机会。他们向文学教育这个老的传统形式发起了挑战，强烈要求开设自然学科课程。但是他们在我们面前规划出来的目标却坦白地表明，他们的目的就是获取财富；在他们所描绘的未来世界里，为了获取市场和商品，国与国之间必须展开激烈的竞争。因此，物质主义实际上是在挑战古典文学，但同时又接受了过去那种追逐私利的想法，而且还接受了为了利益而产生的冲突和争夺，他们认为这是未来国民生活中不可分割的一部分——例如劳工对抗资本家、国家对抗国家、人对抗人。如今，真正的科学头脑的首要特征就是从经验中学习的力量。真正的科学从来不会把同样的错误犯上两次。显然，重复过去的结果归根结底会变成重复现在，而这正是教育一直在努力抵制的东西。物质主义者忘记了三个突出而又明显的事实。第一，自然科学并非知识的全部，因为“自然科学”（就其有限的意义来看）所涉及的只不过是我们目前所发现的自然现象。第二，洞察力对道德品质、同情感和公平感的依赖并没有那么强烈，洞察力需要一个人自身的知识以及他的同胞的知识，同样还需要对自我的约束。卡莱尔说：“心里没有一个清晰的愿景，头脑中怎么可能形成任何清晰的远景？”古代的哲学家则说：“如果一个人的灵魂尚未开化，那么他的所见所闻都不能成为好的证据。”第三，过去一代人的悲剧证明，财富并非没能得到积累；在这方面，他们所取得的成功已经远远超过了以往任何一代人。而19世纪的悲剧恰恰在于，当人们获得了巨大财富之后，并没能形成清楚的观念；不管是个人还是集体，他们都不知道怎样更好地利用这笔财富。

然而，人文学科学院会从两个方面来看待这个问题：他们不仅观察表面世界，也留心寻找着精神世界；事实上，他们是同时在关注两个世界的交汇点。物质至上主义是错误的，但并非因为这个理念所涉及的只是物质上的事物，而是因为物质主义“全心沉迷于追求物质的需求与欲望”。这种学说在教育中也是错误的，因为从成年人的角度来看，它使物质产品本身变成了极为重要的东西。在每一个正确的教育观念中，我们都应该把孩子放在中心地位。孩子对事物感兴趣，希望尽早感知事物，或者就像德国学前教育家福禄培尔[①]所说的那样："把外在的变成内在的。"孩子想和自己所见到的东西一起玩，建造或搭拼这些东西，并且沿着这种"向内推进"的路线成长，教育的过程必须对这一现象展开行动。"实物学习"，如果可以这么称呼，其实已经被引入课程，例如园艺、手工课（使用的材料是硬纸板、木片和金属）、烹饪、绘画、做模型、玩游戏、演戏等，这些活动后来确实得到了使用，而且主要是出于功利的动机，它们已经被嫁接在原始的树干上，虽然一开始的时候它们被认为是可拆分的附加课程，但是它们很快就被证明是真实教育过程中的有机组成部分；它们已经对其他的课程形成了影响，而且在教育的早期阶段成为学校或幼儿园的主要课程。同样的道理，职业教育在教育的末期对高年级学生的影响也变得越来越大。这是所有相互关系中最重要的部分，也就是学校与社会的联系。

但是，孩子们对事物的兴趣却是社会性的，通过接触人类的原始职业，他们逐渐踏入种族的传承，积累起更丰富、更充实的个人经验。能够赢得学生们兴趣的科学并不是按照符合逻辑的、抽象的观点所呈现出来的科学。孩子获取知识的方式

① 福禄培尔（Friedrich Wilhelm August Fröbel，1782—1852），德国教育家，被公认为是 19 世纪欧洲最重要的教育家之一，现代学前教育的鼻祖。他创办了第一所称为"幼稚园"的学前教育机构，他的教育思想迄今仍在主导着学前教育理论的基本方向。代表作：《人的教育》《慈母曲及唱歌游戏集》《幼儿园教育学》等。也可参考辽宁人民出版社出版的《德国教育家福禄培尔谈教育》。

和人类是一样的——他们在职业体验过程中会遇到很多的困难，为了克服这些困难，他们不得不开动脑筋；他们能够获得发现，他们能够进行试验，因此思想能够影响职业，职业能够影响思想，而正是出于这种互惠的行动，科学才得以诞生。同样，他们所起的作用也是社会性的——依然是在他们的行业中，他们开始进入种族的传承序列，在从事自身职业的过程中，他们不知不觉地学习着所有艺术中最伟大的艺术——与他人一起生活的艺术。与在学校完成作业一样，在他们的游戏中，自然发育的路径表明了他们如何才能被训练得能够跟上人类前进的步伐，适应社会的发展。

与伟大的人类进步运动进行合作，需要很强的适应性和敏捷性——全面的身体适应性，思想与精神的敏捷性，它们提供的所有这些准则都能够在现代教育里融合和调解这两大不断增强的趋势。

首先，存在着自我表现和自我发展的运动——假定学者们在思想上和行动上比以往拥有更大的自主指导权——这场运动的主要代表人物是意大利女教育家蒙台梭利[①]，她发出了“是什么，可能是什么”的口号；这场运动首先从幼儿园开始，接着在很多中小学得到了响应。伴随着这场运动，全面发展学生们在学校社团生活的运动也蓬勃兴起。这场运动训练学生把学

---

① 蒙台梭利（Maria Tecla Artemisia Montessori，1870—1952），意大利医生、教育家，蒙台梭利教育法的创始人。代表作：《蒙台梭利儿童教育手册》《童年的秘密》《发现孩子》《有吸收力的心灵》等。也可参考辽宁人民出版社出版的《意大利教育家蒙台梭利谈教育》。

校放在了思想上的首位，训练他们为所属的社会而生活，并在社会的安康中找到个人的安康。从维多利亚时代的诗人和评论家阿诺德开始，直到现在，这一理念在公立学校的游戏中一直都得到了执着的实践，并且在那个有限的范围取得了良好的成果；这一理念至今还被用来开发学生的自治能力，并且在美国心理学家霍默·莱恩先生开办的“小共和国（儿童感化院）”中得到了最充分的表现，最终获得了显著的成功。但是，我们正在逐渐认识到它的一种更为广泛的应用，它能够改变运动场上活动的精神，也能改变课堂的气氛，它可以在伊顿公学、拉格比公学或哈罗公学这样的学校得到应用，无论是对于男孩子还是女孩子。

这两场运动相互交汇、相互补充，更精确地说是相互间取长补短，其目的就是让学生们充分自由地发挥自己的潜能，在社会生活中能够变得更充实、更有力量。归根结底，我们对于个性的最好定义就是“与人交往的能力”，而且只有在社会环境中，个体才能够真实地实现自己的抱负。除非个体能够作为社会的一员去行使自己的职责，不然的话就会演变为行为古怪、喜欢负面批评、愤世嫉俗、冷漠无情的“精英人物”。另一方面，缺少了个体的自由发展，生活的组织就会演变为灵魂的死亡。普鲁士的例子已经证明，群体心理是如何被巧妙地操纵并应用于险恶的目的。不过，这两种相互补足的运动在学校的新生活里被结合到了一起，这对于我们的民主政治而言是一个令人愉快的预兆。英国的孩子对这两种呼吁都非常敏感，一个是对个人自由的呼吁，一个是对集体合作生活的呼吁。围绕着这两个保健站，新制度的形式会逐步成型并开始发展。

这种新的制度形式必须是成长，而不是建造。身体不是建造在骨架子上的，骨架也不是靠身体的生长才分泌出来的。教育的希望在于了解生存法则中愿望形成的原理与激情产生的原理，这样的理念需要全力以赴地进行完善。眼下，人们本能地怀疑任何计划出来的东西。有些人很有组织能力，他们随时都可以坐在桌子前面，按照固定格式写出一份完整的教育重建方案——只要提前两天通知他们就可以了。他们会吸收我们目前已经拥有的资料，并且充分利用，毫无疑问，重新安排、重新巧妙地处理这些资料，尽他们的所能将事先准备好的内容全都用上。他们能够轻松地将整个计划都设计出来，结果他们搞出来的东西当然是毫无生气的，而且非常的呆板。这种计划往往是静态的、层次化的，不具备任何向上的活力。这不是解决问题的方法。教育应当是精神文明的产物，充满生气，亚里士多德如果还活着，也许会这样说——利用的资源并非教育本身，而是“看不到的，但是其功能却在增加”。而且，教育在它成长的过程中，自身会采取这种外在的形态，就像满足自己内在活力的目的一样。新的精神要想发挥作用，形成一定的形式，至少要花上六年的时间。

但是，这并不意味着不经过艰难的、有目的的思考和富有耐性的努力，它就一定能够到来。教育的“发生”与“艺术发生”并不是一回事——而且，与中世纪的艺术作品一样，教育并不是因为出现了几个天才人物才拥有了获得健康状态的机会，而是因为普通劳动者的恰当训练以及他们对工作的爱。教育是一种精神上的增进，就像精神方面的事物，它的出现需要通过耐心的善举，通过最高目标的集中，通过不断地利用精神世界里那些取之不尽的资源。这些资源的至高无上的“制造者”就是诗人，他们拥有高超的洞察力。至于这些资源的“管理者”，他们的任务与以往不同。他们负责观察实验，为实验提供帮助，并预防自由的滥用，这不是为了保持一致性，而是为了选择变化。但是他们所操纵的力量，就如同乔治·梅瑞狄斯[①]所说的，“是天生的障碍赛马骑手飞越普通障碍的力量”。

明天存在机会，今天就要为明天的机会做好准备。昨天的理想已经成为今天切实可行的政治主张。就像他们以前从未做过的那样，我们的同胞现在已经承认，建设国家的重中之重就是教育问题。借用枢机主教、人文主义者费希尔[②]的话说：“一个国家未来的幸福安康取决于这个国家的学校。”直到今天，

---

① 乔治·梅瑞狄斯（George Meredith，1828—1909），英国维多利亚时代诗人，小说家。他的诗歌多取材于现实和个人经历，真诚地表达着自己的悲伤与快乐。他的小说如《比尤坎普的职业》《利己主义者》《十字路口的戴安娜》，以其结构严密、人物形象鲜明、对话精彩获得了评论家和读者的一致欢迎；他对喜剧创作的论文是喜剧理论上的重要文献；他作为审稿人，给年轻作家的建议和对他们作品的评论影响了很多作家。

② 费希尔（Saint John Fisher，1469—1535），英格兰罗马天主教主教、枢机和殉道圣人。费希尔由于在英格兰宗教改革中拒绝接受亨利八世成为英格兰教会的首领，并且支持罗马教宗才是大公教会的权威首领而被亨利八世处决。

人们还没有把几百万人的教育问题放在心上，但是从几年前开始，这些问题似乎就已经堵塞了进步的道路。与此同时，最近三年的战争磨炼已经让我们的头脑形成了一种新的观念，这种观念使我们重新认识到了民族团结和社会责任的重要性。但是，随着团结一致的人民在这个时候把全部的力量都集中到战后重建工作上，担负起我们所面临的职责任务也变得更加紧迫，更加需要我们万众一心，因为整个国家的力量必须集中在生活的建立上面。生活的建立不仅仅是精神上的需要，更是经济上的需要，那些最深刻地洞察了经济形势需要的人，他们确信，工业生产和商业发展是人们的根本问题，但如果没有新的“合作与友爱”观念，我们就无法找到解决问题的方法。

这就是我们的需要，这就是我们的任务。英国比以往任何时候都要加倍地关注教育，它的教育目标必须具有相当的高度和宽度，高度应当超过财富，宽度应当越过国界。只有向全体国民灌输相同的精神，教育的目标才能够实现。教育就像金融一样，必须着眼于世界和平，根据国际上的共识，按照国际航线来制定航程。只有这样，已经朦胧地出现在地平线上的终极目标才能够最终被实现。

这样的时代正在来临，
如同撬动地球的一根杠杆，
将世界引入另一条轨道。

第六章

论推理能力的培养

教育的理想状态，是我们把所有与我们有关的、我们应该知道的事物都学会，以便于我们可以因此而成为一个有用的人。换句话说，教育的目标是教给学生如何获取知识，不是教给他们具体的知识，而是教给他们如何认识知识的价值。所谓的价值，就是我们应当如何看待客观事实之间的相互联系，以及它们与我们的关系。聪明人往往能够明白事物的相对价值。在这种知识里，还有运用知识的过程中，人们所有的生活准则得到了全面的概括。为了自身的缘故，究竟哪些事情是值得我们去努力拼搏的？为了赢得想要的东西，我们可以付出怎样的代价呢？既然我们不可能拥有一切，那么我们必须心甘情愿地舍弃哪些东西？人们感兴趣的事物多种多样，人们对所从事的工作的目标也各有不同，我们应当从中做出最好的选择，这样一来我们的活动可以对别人有帮助，又不会妨碍到别人，而且，我们的生活或许能够形成一个统一的整体，或者至少形成一个中心，围绕着这个中心，我们的从属活动也可以组合成一个整体。人们对此可能会提出疑问，说谁都渴望美好的生活，但是谁又能够按照合理性原则来规划自己的生活呢？什么样的环境和境遇允许我们自主地选择职业？我们当然渴望了解自身、了解世界，以便在自己短暂的一生中为这个世界做出自己的贡献并且得到相应的回报，以最佳的形式来实现自己的人生价值。

大多数英国人都接受了这种教育观点，而且我们还会进行补充——生活的经验，或者我们也可以将其称为“对世界的认识”，是我们实践自己智慧的最好的学校。然而，我们并没有将实用的智慧放在与理性生活等同的地位，而是将其与我们称为常识的经验主义的东西混为一谈。几乎是所有的阶层，都存在着一种对思想观念极度不信任的态度，而且通常会达到柏拉图所说的“辩论嫌忌（仇视推理）”的程度。正如屈莱顿主教所说的，英国人不仅仅是没有思想，英国人遇到某一种思想观念时，往往会表现出仇视的样子。如果有人依据第一原理做出了判断，我们往往会低估他的意见。我们会觉得自己已经观察到了。比如说在高层政治中，所有无法挽回的错误都是由那些热衷于逻辑推理的理智主义者犯下的。我们宁愿把自己的命运交给那些诚实的机会主义者，因为他们凭着某种直觉就能看出下一步应该采取什么措施，所以，除了事实本身的逻辑性，我们根本不关心事物之间的必然联系。正如亚里士多德所说，推理能力“什么都移动不了”；推理能力可以用来分析或综合处理某些给定的数据资料，但是我们只能在将这些数据资料与时光的流逝和变化的情况隔离开以后才能进行。这种能力可以将具体情况转化成无生命的抽象概念，可以在观察现实情况的同时进行数字计算。我们国家的经历强化了我们对于逻辑学的偏见，而且不愿意将逻辑性当作行为的准则。英国人并非头脑反应迅速的民族，凭借着某种直觉，凑巧采取了正确的行动步骤，然后在某些方面取得了成功，这样的天赋主要是某些美德的结果，只是我们在实践中并没有考虑这些美德，例如公正、忍耐和节制。我们认为——真的认为——这些品质由始至终都是拉丁文化国家所需要的，在理智上保持清醒，在逻辑上遵从一般的原则，并与一般原则保持一致，他们因此而感到自豪。近代哲学对这些倡导普通常识的“实用主义者”无耻地宣称自己信奉实用主义的行为持鼓励态度；逻辑思维能力遭到了毁谤，直觉的能力受到了颂扬。许多人对我们说，直觉的引导比起推理来要更为可靠；因为直觉可以在遇到某些情况时直接发挥出关键的作用，而且往往在直觉已经开始生效的时候，推理还处在辩论的过程中。很大程度上，这种新的哲学理论所鼓吹的是一种反对进步、反对传播知识的蒙昧主义，或者说是一种愚民政策。美国哲学家、实用主义的倡导者威廉·詹姆斯和法国哲学家、现代非理性主义主要代表人物柏格森[①]说，之所以有的人在大街上鼓掌——欢迎他们的学说，是因为他们不喜欢哲学和逻辑学，而是重视意志、勇气和感情的力量。我们经常稀里糊涂地混日子，想当然地认为，也许我们缺乏才智，但

① 柏格森（Henri Bergson，1859—1941），法国哲学家，以优美的文笔和具有丰富吸引力的思想著称。1928 年获得 1927 年度的诺贝尔文学奖。代表作：《物质与记忆》《创造进化论》《心力》《思想与运动》等。

是自有上帝赋予我们美德，因此我们一直都默默地承认自己是西欧地区受教育最差的民族。

就这样，我们让自己的国家在国际竞争中处于不利的地位，例如在化学方面比德国略逊一筹，至于高科技和农业方面，我们几乎落后欧洲大陆的每一个国家——我可不希望自己的心里总是为了这些事情而忧虑。我们正从这些事情中吸取教训，而且不太可能会忘记。这是由我们精神上的缺失所造成的，因此需要更充分地去认识它。首先，在大多数英国人的生活里，除了受到相应的“义务”的召唤，往往对于自己做事的目的缺乏周密的考虑，而所谓的“义务”在我们懂得自己的义务究竟是什么的时候就变成了空洞的理想。手段和目的的相互混淆在这个国家是极为常见的，可以肯定的是，这样的例子随处都可见。因非理性积累的激情就是这种错误的一个例证，因为它会给社会带来最严重的不便。社会上的一些人，有机会通过获得更多的财富来满足自己的欲望，并且养成了奢靡无度、纵情享乐的习惯；由于贪的本能，他们无节制地放纵也在极大程度上给社会造成了不公和苦难。然而，不管多么自私，也没有哪个人，会将自己所有的时间，都用来在经济上去剥削他的邻居来积累更为富足的财富；也许他永远都用不上这些金银财宝——不管他做出了什么样的生活相对价值的估算。从另一种观点来看，把做生意当成一种比赛并没有什么错，我们的国家把体育比赛的道德标准应用于国际事务，也获得了极大的好处；我们的错误在于为比赛而活，不管碰巧是商业还是足球。我的一个朋友曾经劝诫约克郡的一位制造商，这个人的年龄虽然已经很大了，但仍然辛勤地做着一些没必要的工作，而目的就是为了让自己那个挥霍无度的继承人有钱花。这位老人回答道：“如果我赚了 100 万，那么就拿出 50 万来给他花；只要能够让他高兴，我是不会心疼钱的。”这不是真实的守财奴或者拜金主义精神，这其实是天生的理想主义者的精神，从教育方面上看，他们缺乏理性的善恶标准。如果由这样的人来对教育事业进行干预，他肯定会站在所谓的实干家的立场上，因为他无法理解生活更高的价值。他希望将知识和智慧转化成创造财富的工具，或是用来作为改善穷人物质生活条件的手段。但是知识和智慧却不接受如此的对待。就像善与美，智慧是一种绝对值，一种神圣的理念。“辩论嫌忌”的另一个作用是对我们合理的同情进行贬低，将其说成“感情主义”，它将疼痛视为最糟糕的罪恶，总是试图去除愚蠢的效应与罪行的影响，却从来不对原因进行调查。感情主义不相信防病重于治病，但务实的政治家们却清楚地知道，在这个国家，根本谈不上用科学的方法来对待社会的弊病。至于其他人，则变成了俗气的狂热者或者盲信者，他们眼界狭窄，崇尚暴力，根本无法理解这个世界。这种罪恶的根源在于，比较高级的价值观会涉及很难被大多数人所接受的范畴，而他们对知识财富却一无所知。一个国家真正的财富在于它无法衡量的财产——在这些财产里面，一个人的收获不是由于另一个人的损失得来的。取之不尽的宝藏是免费向所有人开放的，只要他们能够通过良好的智力训练课程，这些财富完全可以根据自身的能力创造出来，并为己所用，而且我们不会将自己拥有的财富拿来交换任何商品，尽管从法律上说，这样的交易是被允许的。柏拉图说："聪明人会重视这方面的学习，因为那可以使他的灵魂变得清醒、正直和充满智慧，而且不会贬低其他人。"能够获得这种效果的学习，才是能够教会我们崇尚并理解真、善、美的学习。这些学习是人文主义和自然科学的学习，我们所追求的是"赞赏、希望和爱"的精神。训练过的理性没有私欲，无所恐惧，不会害怕公众舆论，因为理性"将它看作小事，人的判断力便可以从中进行判断"；它感兴趣的范围非常宽广，根本不是私人事业中的各种事变，因此，卑贱的以自我为中心的放纵和自私的野心都是不可能达到理性的状态的。理性可以让人免于卑鄙、无知和偏执。理性不会让我们变成狂热或风尚的受害者，因为那种热情是失衡的，是缺少法纪约束的。狂热、追求时尚是英国文明和北美文明独有的特征。这样的改革，如同这个国家正在进行的改革一样，不会受大多数人的理性的影响，而是由少数人的狂热和盲从来操控的。从整体上看，我们应当保持一种合理的平衡，但是在个体的判断中却没有那么多的平衡可言。

马修·阿诺德向自己同胞提出的规劝，在今天看来几乎就是一个预言。他尖锐地指出，英国人对待知识分子的态度极为轻率，甚至是满不在乎；而德国人的态度却是严肃、认真的，这两者之间形成了强烈的对照。他认为，一百年前，真正的英国贵族阶级所展现出来的勇气和高傲的决心挽救了英国，然而，与所有的贵族阶层一样，这种精神其实"缺乏思想"。他指出，我们伟大的皇室贵族再也无法挽救我们，即便他们仍然保持着相当强大的影响力，因为现在真正占有权势地位的是学科分类明确的知识以及应用科学。后来，乔治·梅瑞狄斯同样也在他的诗歌中发出了诚挚的警告。他认为，英国最需要的是“头脑”。

但是，这些忠实可靠的预言家的预言并没有引起人们足够的重视，我们不得不从亲身体验中吸取教训。经验是最好的老师，但是学费太贵了。

《友谊的花环》[①]一书的作者在全书的结尾处向民主政治发出了绝望的呼喊，他的悲叹没能唤起上等阶层的注意，他认为这些上等人尚未开化；也没有得到中产阶级的回应，他把这些中产阶级当作无可救药的粗俗之人，中产阶级很容易受到苛刻的衡量，他们的朋友很少，但批评他们的人却很多。我们必须回到古希腊悲剧作家欧里庇得斯[②]的时代，才能找到中产阶级大胆的宣言——他们是社会群体中最优秀的那一部分，是“整个国家的拯救者”；大致说来，他们说的都是实话。中产阶级的粗俗只是表面上的。所谓的“粗俗”，正如罗伯特·布

①《友谊的花环》(*Friendship's Garland*)，马修·阿诺德的随笔。

② 欧里庇得斯（Euripides，公元前 480—公元前 406），与埃斯库罗斯和索福克勒斯并称为希腊三大悲剧大师。他一生共创作了九十二部作品，保留至今的有十八部。对于欧里庇得斯的评价，古往今来一向褒贬不一，有人说他是最伟大的悲剧作家，也有人说悲剧在他的手中衰亡，无论这些评价如何反复，毋庸置疑的是欧里庇得斯的作品对于后世的影响是深远的。

里奇斯[1]最近说的那样，“认识不到价值，是一种精神上的死亡”。在马修·阿诺德的时代，中产阶级毫无疑问是看不到艺术价值的，这令人叹息；不过，中产阶级的产品也不像阿诺德所“宣判”的那样，是一种市侩主义；中产阶级对于美不再缺乏品位，不再漠不关心；而且中产阶层从来都不是生活中的卑劣的艺术家。布里奇斯先生将粗俗的进程描述为颠倒了的柏拉图式的进步。他说，我们从丑陋的形式降格为丑陋的行为，又从丑陋的行为堕落到丑陋的原则，直到我们最终成为绝对的丑陋，这就是粗俗。以道德低劣为标准来判断是否缺乏对于美的感觉，这种看法即便是在古希腊时期，似乎也是一种似是而非的观点，根本就不适合英国人的性格。我们的城镇已经足够丑陋了；我们的公共建筑毫无热情地矗立着；而我们的许多纪念碑和彩色的玻璃窗似乎在大声召唤齐柏林飞艇赶紧来把它们摧毁。但是英国人还没有把自己的行为降低到丑陋的地步。雅典政治家伯里克利和古希腊哲学家柏拉图一定会在英国的最高法院发现一件事：这个民族的风度要远比帕特农神庙“美丽”。这个国家已经除去了粗俗的成分，它的容易程度和彻底性甚至超过了我们克服懈怠以及自我放纵时所付出的努力。我们用勇气、克制和尊严来承担自己的责任，但古希腊人也许会说，这只是哲学家们所期待的。但是，我们的国家当然不是一个由哲学家组成的国家。因此，我们也绝对不可以匆匆忙忙地就把所

---

① 罗伯特·布里奇斯（Robert Bridges，1844—1930），英国诗人、剧作家。代表作：诗歌《爱的成长》《新诗集》《爱神厄洛斯和塞姬》《十月诗集》；剧作《英雄》《尤利西斯的回归》等。

有轻视智力和知识分子的行为纳入粗俗的范畴。如果将上述内容认为是我们的“罪行”，那主要是因为我们低估了生活中理性的价值，可是我们并非真的就是一个粗俗的民族。我们的世俗观念以及普通英国人的真实宗教，在绅士的理念里都占据着中心地位，这当然与纹章、土地和财产没有实质性的联系。上等阶层，靠着这样的理念过日子，其实并不粗俗，尽管他们缺乏思想，受到了马修·阿诺德的嘲弄；中产阶级也尊重这一理念，他们进一步受到了道德传统的可靠保护；而下层阶级则有一种愉快的幽默感，这是抵御粗俗最好的防腐剂。但是，在我看来，尽管阿诺德这位桂冠诗人没有达到令粗俗成为我们民族的罪恶的目的，但是有一件事他却做得非常好，那就是唤起了人们的忧患意识，防止了有人用所谓的民主主义思潮来干扰教育改革，这种趋势的目的不外乎是以平等和良好的人际关系的名义来消除某种优越感。假设下层阶级仍然一定要被排斥在知识，甚至美好高尚的品德之外，就会变成一种与贵族主义相反的错误，甚至超越其他所有的观点，最终导致古希腊文化的衰退。有一种倾向一直伴随着我们，那就是去谴责那些可以被称为“贵族自我修养形成的”理想。但是我们仍然需要这个领域的专家，就像在其他领域一样，而大众平民必须要知道，真正的优越确实是存在的，那些真正拥有优势地位的人也有权、有义务为了让它充分发挥作用而去提供更大的活动范围。

在科学还不发达的时代，普遍蔑视推理，这会对意志的提升、感觉以及本能带来更大的危险。意大利玄学家阿利奥塔[①]最近在一篇文章中概述了一些反科学运动的著名领导人的行径，这可是一批非常强大的人——实用主义者、唯意志论者、激进主义分子、主观唯心主义者、情感神秘主义者、宗教保守派分子，这些人纠结在一起，向科学的堡垒发起进攻，大约50年前，他们似乎是一股无法被打败的力量。但是，被围攻的科学堡垒继续运用自己的方法，相信自己的假定，最终的结果证明，他们的自信是正确的，哲学家的攻击不再有人理会。有人告诉我们，科学的方法只适合于抽象的数学。但是大自然本身却对数学的方法也产生了兴趣。神志正常的理想主义者认为，永恒的真理在现象世界中能够被隐约地预示出来，不是歪曲，而且也不会忘记我们对自然的观察，在很大程度上，这些都可以通过我们的大脑进行论证。就科学所知的范围，世界本身是一个精神的世界，某些评价，除了用于特殊目的以外，都可以从中排除。否认理性推论的权威性就是破坏所有学习知识的可能性，因为理性在这个范围内有它适合的领域，不存在损失和危险的可能。但如果我们将本能和直觉置于理性推理之上，就会遭受损失，并且遇到危险。本能属于保守的类型，它必然无法适应新的形势，也无法处理新的问题。因历史悠久而被神圣化的习俗，也许能够使中国文明以停滞不前的状态平安地维持5000年；但是在欧洲，50年就能够取得更多的成就，而且最后能够向中国提供一条可以选择借鉴的道路，要么前进，要么停滞。如果社会进步是必然的自然法

① 阿利奥塔（Antonio Aliotta，1881—1964），意大利哲学家、玄学家。意大利那不勒斯腓特烈二世大学教授。

则，那么本能也许会引领我们继续向前，虽然有很多人信奉这一信念，但是，将本能作为引领我们前进的动力其实是一种十足的迷信行为，布莱克[①]说："傻子永远进不了天堂，因为傻子从来没有如此神圣过。"

我们不得不去转变这个国家的公众意识，让他们相信推理能力，愿意接受这种能力的培养和训练；我们不得不去说服这个国家的公民，让他们相信，为了担负起自我保存的职责，我们不仅需要在思想武装上变得与法国人、德国人和美国人一样强大，而且还要认识到，受过训练的智能本身"比红宝石还要珍贵"。不管怎么说，愚昧无知会错过生活中最美好的事物，这是千真万确的。假如英国人只相信这一点，我们教育的整个精神面貌就会为之一变，这要比改变授课内容更加重要——至于授课的内容究竟是什么并没有太大的关系。这就是为什么宗教教育论战从整体上看是愚蠢的。"宗教课程"实际上并不一定能够使学生去信仰宗教。实际上，宗教知识极少是老师教会的；只有通过不断地接触某个具有宗教信仰的人，才能感悟和理解其中的奥妙。其他课程内容可以讲授，也可以学会；但教学却是相当艰巨的工作，如果学生对所学的课程不感兴趣，他们的学习热情很快就会消散。可是，一般的孩子在家里能够得到的鼓励真是太少了，我们又怎么可能训练他的推理能力，形成他自己对知识的掌控和品评能力呢？他很有可能被"考出好成绩来"的告诫所左右，这就意味着，他要认真地吞下一堆事

① 布莱克（William Blake，1757—1827），英国诗人、画家，浪漫主义文学代表人物之一。

先准备好的、未经加工的考试内容，然后在考试的时候再吐出来。哪里的教育不存在真正的培养心智能力的欲望，哪里的考试制度就能够越发展得好。如果某些地方的人广泛而又热情地追求知识，并将其作为生活中不可或缺的一部分，结果就会形成一种人们普遍厌恶的机械的、商业化的考试制度。在目前情况下，训练一个聪明的孩子应对考试如同训练孩子参加一次比赛；比赛结束了，学生就会迅速地放弃训练。与此同时，他生活中的浪漫的兴趣会集中在那些绿茵场上比较宽容的、个体对抗性不那么强烈的竞争，而这些恰恰说明我们的小学和大学已经发展到了非常完善的程度。在班级中，体育锻炼的机会很少，发挥替代作用的体育活动几乎没有任何刺激作用，这是一种灾难性的替代。但是，他们的灵魂却被染上了休闲思想的色彩。“因为他心里怎样思量，他为人就是怎样”。只要学生在家里无法接受到尊重知识价值的理念，在同学那里也无法得到这样的理念，教育就不可能在课程方面做出改变，原因就在于此。其实，大多数学生的心里都潜伏着强烈的学习兴趣，也有真正的增长知识和提高智力的能力。如果哪位老师真的喜爱并忠诚于自己所讲授的课程，他就能够在整个班级点燃学生们的学习欲望。上个世纪，最好的公立学校的一些教师的脾气都很火暴，他们依靠纪律来约束学生在课堂上的表现的做法非常荒唐；但是他们都是狂热的人文主义者和敏锐的专家学者，年复一年地在课堂上进进出出。

一门好的必修课，其重要性往往被夸大；对于课程的糟糕选择以及糟糕的教学方法甚至会让最优秀的教师对学生们感到束手无措。例如，在我们的公立学校里，讲授古典文学的方法就非常愚笨——没有比这更缺乏才智的了。在课堂上，节选的古典文学作家的作品往往被解说得十分简短，学生们根本无法从整体上去理解作品的主题思想；还没等到学生学完整部作品，老师又开始引导他们学习另一部作品。经常进行的考试就像阴影一样笼罩着学生，贯穿整个教学过程，就像西利引用古希腊悲剧诗人索福克勒斯的故事时所说的那样，谜一样的狮身人面像迫使我们注意自己的脚下，却忽略了其他所有的东西——所有无法衡量的事物，而教育的真正价值就在其中。考试的严酷对于课程的选择和教学方式来说都有着重要的影响。显然，有些课程对学生头脑的刺激性更强一些，因此受到学生忽视，因为它们不太适合考试；遗憾的是，这些课程中就包括我们的文学课和语言课。

因此，即便我承诺在这篇短文里只进行比较笼统的表述，但还是有必要对某些主要课程提出一些建议，因为我们的教学大纲里面应当包括这些课程。前面我已经指出，我要把这些课程分为两大类——自然学科和人文学科。任何一个学生到了一定的阶段之后都应当接受这两类课程的学习。有些人希望教育能够完全用来传授自然科学知识，用培根[①]的话说，他们“号召人们卖掉自己的书，然后建造炉子，放弃或丢弃智慧女神

① 培根（Francis Bacon，1561—1626），英国著名哲学家、政治家、科学家、法学家、演说家和散文作家，是古典经验论的始祖。

密涅瓦[①]和缪斯[②]女神，转而依靠火和锻冶之神武尔坎[③]"，对此我们应当坚决予以抵制。我们不想让孩子在12岁就变成专家，因为缺乏人文主义知识的年轻人永远都无法成为一个完整的人。

对于自然学科的教学，我没有资格多说什么。但是作为头脑训练，甚至是文科教育的一种工具，在我看来，自然学科似乎具有更高的价值，尽管有些人文主义者通常不愿意承认这一点。自然学科能够将想象力导向无穷大和无穷小，导向时间远景（在远景中，一千年就像是一天），导向禁锢在微小物质粒子中的巨大力量，导向令人吃惊的机制复杂性——人体的器官将通过这一机制发挥各自的作用，导向遥远星球经过数百年时间穿越过来的光，导向地球的演变史和人类的进化史，并能激发人们对自然现象进行分析和研究——这样的学习不可能不会提升学生的智力，只有持有偏见的人才会诋毁它。自然学科的

① 密涅瓦（Minerva），罗马神话智慧女神、战神和艺术家与手工艺人的保护神，对应于希腊神话的雅典娜。

② 缪斯（Muses），希腊神话主司艺术与科学的九位古老文艺女神的总称。她们代表了通过传统的音乐和舞蹈，即时代流传下来的诗歌所表达出来的神话传说。她们原本是守护赫利孔山泉水的水仙，属于宁芙的范畴。后来人们将奥林匹斯神系的阿波罗设立为她们的首领。缪斯女神常常出现在众神或英雄们的聚会，轻歌曼舞，一展风采，为聚会带来不少的愉悦与欢乐。

③ 武尔坎（Vulcan），罗马神话中的火神，维纳斯的丈夫，跛足，相传是被他母亲朱诺丢下山的，亦有是被他父亲朱庇特丢下山而跛脚的说法。其对应于希腊神话的赫淮斯托斯，拉丁语中的"火山"一词来源于他。相传火山是他为众神打造武器的铁匠炉。

学习还能很好地促进学生们对于真理和现实、秩序和大纲的尊重，正如古希腊人所说的那样，以审慎的态度表达对诡辩和修辞的厌恶。科学研究的氛围就像高山顶上的空气——稀薄，但是清纯和凉爽。作为一门教育学科，自然科学有着更大的优势，而且从未如此像现在这样受到很高的评价。其实，大多数新的发现都是在科学领域中完成的。“对远期目标的痴迷”属于自然学科，而不是其他什么别的学科。也许我们可以在教学过程中将一项原则固定下来，即大多数高级教师不仅应当讲好自己的课，还应承担一些研究工作，获得一些发现，而且普通教师也应当在完成自己教学工作的业余时间不断加强学习。这一理想只有在自然学科领域才更有机会实现，其他学科是无法与之相比的。

但是，话又说回来，即便是为了自身的利益，自然学科也不能因此而占据整个教育阵地。仅仅被称为自然研究家的人，往往是一个差劲的哲学家，这样的结果就是，他的学生不会在哲学方面学到什么，而心理状态和精神生活的法则与化学定律和生物学定律其实是不同的；科学家们根深蒂固的恶习就是企图按照事物的起源来解释一切，而不是从事物全面发展的角度来考虑。他们说：“通过它们的根，而不是它们的果实，你就能认识它们。”这是对亚里士多德思想的否定，也是在反驳其他更伟大的思想家。推理能力的训练必须包括对于人的大脑的研究，了解人脑这个“神的宝座”最具特色的思想产物。除了自然学科，我们还必须将人文学科作为我们教育的主要学科之一。

50多年来，主张开设古典教育课程的人士一直在进行着一场毫无成功希望的勇敢斗争；他们现在正准备接受不可避免的失败的到来。但是，如果他们能够公正地面对眼前的形势，他们的事业也并不是没有成功的希望。他们的失败是因为坚持认为古典文学教育等同于语言能力的培养而造成的。对大多数人来说，学习外语确实是一项相当不错的智力训练；对少数人来说，这种训练或许多多少少显得不那么公平。但是，能够出于自身的利益而热衷于语言学习的，毕竟只有那么一小部分人。以适当而又优美的形式表达思想的艺术，是迄今为止人类所创造的最崇高、最伟大的成就，古拉丁语和希腊语这两门古典语言，就谱写出了许多精美的篇章，它们是体现人类语言成就的最好例证。但是一般的学生并没有欣赏这些价值的能力，而且在我们现行的体制下，学习语言所浪费的时间也令人叹惜，这些时间本可以花在其他更有益的课程学习上。也许还会有人坚持认为，由于尽责的编辑和教师们的共同努力，现已经对作为智力训练形式的古典文学教育体系造成了破坏。50年前，在英国从事古典文学评注的人很少，学生们只能依靠自己的理解力进行阅读；可是如今，如果走进一个大学生的房间，就会发现他已经能够借助参考译文、注释和课堂笔记来阅读古典作品。除了记忆，其他的能力根本用不上，就像克莱顿主教说的那样，“对智力训练最没有价值”。尽管常常受到无端的诋毁，但散文和诗歌的写作练习却具备着更大的教育价值，但这毕竟属于语言的艺术，我们不能要求所有学生都进行这样的练习。那么，是否就可以因此而限制那些相当喜爱文学的学生去学习古典文学呢？如果是这样，那古典文学教育事业真就失败了。我找不到什么理由能够让我们提倡学生们在历史、哲学和文学课堂上不去阅读古希腊和古拉丁伟大作家的作品，而且是在附带译文、作为学生通常阅读材料的情况下。我当然明白，许多伟大作家的作品因为翻译的问题而不可避免地有些损失；但是我也可以毫不犹豫地说，普通学生通过阅读希罗多德、修昔底斯，柏拉图的《理想国》，还有一些戏剧的译本，便可以学到很多希腊文学知识，领会古希腊精神，它的效果远远超过了眼下公立学校的学生通过死记硬背所获得的知识。古典著作，几乎与所有其他文学一样，在阅读书目的选择上，必须得到大多数学生的欣赏才行。学生们之所以认为古典文学枯燥无趣，是因为我们为学生们规定的阅读方式非常荒谬。

我并不想野心勃勃地企图为文学勾勒出一个什么学习方案的轮廓。我的主题是推理能力的培养。但在我看来，有两项基本原则似乎更为重要。第一个原则，我们应该从心理学入手，去研究不同年龄段的学生的推理能力的发展情况，然后相应地采取不同的教学方法。人记忆力最强的年龄段大概 10 岁到 15 岁期间。事实和日期，甚至较长的诗歌和散文片段，在小的时候就去记忆，也许能够让人一辈子都无法忘记。大多数人，如果到了中年还想恢复或保持小时候那么好的记忆力，就需要付出极大的努力了。另一方面，这个年龄段的学生会觉得推理非常难学，并感到厌烦。小学生宁愿学习二十条规则，也不愿意去应用一个原理。因此，低年级小学生的学习主要还是要靠默记和背诵。他们需要记住的东西包括各种各样的实用基础知识以及大量的优秀诗歌；小学生们很容易就能够吸收这些东西，不会产生任何精神过度紧张的状况。但 8 年或 10 年以后，“填鸭式”的教学方法就会对学生的身心健康和智力发育造成伤害。除非是天生的哲人，否则我们的头脑不论怎样都会随着年龄的增长形成思考和争论的能力。记忆力逐渐减弱，因此要求学生记忆一些数据和事实，这个过程会让他们感到不舒服。到了这一阶段，教学的整个体系就应当有所不同了。考试的重大罪恶之一就是延长了学生死记硬背、单纯记忆的阶段，因为学生到了一定年龄，这么做不仅无益，反而有害。另外，留心观察那些聪明的学生喜欢或者不喜欢哪些作家，也可以为我们提供有价值的参考。如果我们的主要目的是让学生从内心对某些事物产生兴趣，那么我们当然应该顾及学生的品味。智力一般的学生可能喜欢荷马[①]，却不喜欢古希腊诗

① 荷马（Homer，约公元前 9 世纪—公元前 8 世纪），相传为古希腊的吟游诗人，生于小亚细亚，失明，创作了史诗《伊利亚特》和《奥德赛》，两者统称《荷马史诗》。目前没有确切证据证明荷马的存在，所以也有人认为他是传说中被构造出来的人物。而关于《荷马史诗》，大多数学者认为是当时经过几个世纪口头流传的诗作的结晶。

人维吉尔①；他们对古罗马历史学家塔西佗②着迷，却厌烦古罗马政治家西塞罗③；他们喜爱莎士比亚，却对麦考利④近乎痴迷，这位英国历史学家似乎永远与小学生有着特殊的亲和力。

我的第二个原则是，既然我们正在致力于将年轻的英国人培养成为真正的忠诚公民，那么照此推测，我们也许会觉得他们对自己国家的语言、文学和历史能够做出最好的反应。这在任何国家都是司空见惯的现象，不值得多说什么；但遗憾的是，这种情况在英国却并非如此。英国人在性格方面，在物质领域和道德利益以外的所有问题上，假如放在较强的光

---

① 维吉尔（Virgil，公元前 70—公元前 19），奥古斯都时代的古罗马诗人。其作品有《牧歌集》《农事诗》，史诗《埃涅阿斯纪》三部杰作。维吉尔被奉为罗马的国民诗人，被当代及后世广泛认为是古罗马最伟大的诗人之一，也因在《牧歌集》中预言耶稣诞生被基督教奉为圣人。其《埃涅阿斯纪》影响了包括贺拉斯、但丁和莎士比亚等许多当代与后世的诗人与作家。

② 塔西佗（Gaius Cornelius Tacitus，约 55—117），罗马帝国执政官、雄辩家、元老院元老，也是著名的历史学家与文体家，他的最主要的著作有《历史》和《编年史》等，从 14 年奥古斯都去世，提比略继位，一直写到 96 年图密善逝世（现存有残缺）。

③ 西塞罗（Marcus Tullius Cicero，公元前 106—公元前 43），罗马共和国晚期的哲学家、政治家、律师、作家、雄辩家。他出生于骑士阶级的一个富裕家庭，青年投身法律和政治，其后曾担任罗马共和国的执政官；同时，因为其演说和文学作品，他被广泛地认为是古罗马最伟大的演说家和最具影响力的散文作家之一。

④ 麦考利（Thomas Babington Macaulay, 1st Baron Macaulay，1800—1859），英国诗人、历史学家、辉格党政治家，曾担任军务大臣（1839—1841）和财政部主计长（1846—1848）。

线下，就完全不会看到惰性和思想上的缺失，更不用说愚蠢了，但是我们却忽视了存在于本国历史以及文学中的丰富的精神遗产。不过，我们很高兴地听到，在战壕里有数以千计的人，在家里则有更多的人在读华兹华斯[①]的诗。华兹华斯在他的一首十四行诗里宣称，他坚信自己的国家一定能够战胜拿破仑，因为他想到的是祖国辉煌的过去。

> 我们讲着莎士比亚所讲的话，
> 拥有弥尔顿[②]所拥有的信念和道德，
> 要么自由，要么死亡。

这些话充满了极为强烈的夸耀成分，但说的却是实话。为了点燃我们年青一代的想象力，使他们展望我们伟大而又古老的国家的前景，我们又做了些什么？更何况，我们的国家正为了自己的生存而奋勇战斗。关于莎士比亚和弥尔顿、伊丽莎白和克伦威尔、纳尔逊和威灵顿，我们能够教给学生们什么呢？我们甚至没有尝试过让年青人懂得，他们有责任继承非常光荣的传统，托管比南非金矿价值还要高的精神财富！与我们

---

① 华兹华斯（William Wordsworth，1770—1850），英国浪漫主义诗人，与雪莱、拜伦齐名，也是湖畔诗人的代表人物，曾当上桂冠诗人。其代表作有与塞缪尔·泰勒·柯勒律治合著的《抒情歌谣集》，长诗《序曲》《漫游》等。

② 弥尔顿（John Milton，1608—1674），英国诗人、思想家。英格兰共和国时期曾出任公务员。代表作：《失乐园》《论出版自由》等。

的精神财富相比，南非的那些金子简直就是渣滓。我们的语言经过几百年不断的完善，如今正在被破烂的报纸贬损和滥用，几乎形成了大多数人仅有的读物。我们是否能够以理性的方式来教育学生真正去热爱我们古老的优秀语言？我们的国家正处于危险中，但是我们的群众却显得迟钝，没有什么意识，有些工人群体甚至顽固地坚持着自己的局部利益和追求，对此我感到震惊。在法国，单单“patrie”这一个词就完全能够以共同的热情和坚定的决心将国民维系在一起。这对我们来说几乎是不可能的；很多优秀的评论家认为，若不是卢西塔尼亚号远洋轮 1915 年被德国潜艇击沉，若不是德国人制造出了齐柏林飞艇，那么相当一部分英国人就不会对战争那么关心，也肯定不会给予同盟国充分的支持。究其原因，并非因为我们自私自利，而是无知和缺少想象力。那么，在明智地开发和利用爱国主义资源方面，我们又做了些什么呢？我们正在得到挽救，但并非依靠平民大众理性的信仰，而是我们国家天生的斗争精神和勇猛顽强的战斗力。这里我不想详细谈论英国问题的研究。但是，这些东西所形成的教育基础要远远好于我们在学校里所讲授的那些东西，对此又有谁能怀疑呢？我们必须要特别记住，现代英国人的一个真正危险在于割断了自己与活生生的历史的联系。科学研究包括地球形成初期的一些阶段，但不涉及人类种族和英国人的过去。在这方面，基督教教义一直具有宝贵的指导作用，尤其《圣经》中所传达的那些智能知识。但是，世俗的大众教育与我们源远流长的传统和情操如今已经背道而驰（正是这些传统和情操把我们与古老的文明结合在了一起），结果导致教会的语言也变得晦涩难懂起来，有组织的教会只会对越来越少的人产生影响。然而，过去它却存在于我们所有人的生活当中，在生活不可避免地遇到危险的时候，只有文明发展过程中所积累的经验能够帮助我们渡过难关，可是我们却没能在精神层面对其价值给予应有的充分重视。一个国家就像一个人，必须"希望自己的日子日复一日地接受天性的虔诚的约束"。我们必须努力地记住过去的日子和过去的年月，并保持记忆犹新的状态。在这一方面，犹太人真的是很了不起，他们总是能够在圣书中体现自己种族的精神；犹太人具有无与伦比的韧性，他们对未来充满了希望，这在很大程度上归功于他们通过教育培养了每一个犹太孩子根深蒂固的观念。我们英国也需要一部种族的"圣经"，它对英国下一代的神圣性应该不亚于犹太人眼中的《旧约全书》。英国也许可以成为人类精神家园的一个地区，因为这么多年以来，我们作为世界强国的任务一直完成得相当圆满；尽管我们只是一个小小的岛国，但是我们却接受了君主国的地位，拥有的领土面积远远超过本土。只有珍爱英国的过去，我们才会迎来更宝贵的未来。

我并不是说其他国家的历史和文学就应当忽略，或者外国语言不应当成为教育的一部分。但是我们最主要的目的是培育优秀的英国人，他们有责任继续保持，甚至进一步发展光荣的民族传统。为了做到这一点，我们必须不断地求助于想象力的训练，华兹华斯就曾经大胆地将想象力称为"最高意境的思维能力"。这样，我们或许可以把诗歌和传奇故事引入工人群体那单调乏味的生活中去。他们的不满很有可能是由缺乏足够的精神生活引起的，他们在这方面的渴望远远超过了我们的假定。其实，生活中的精神文明与神学一样，并不像傻瓜们所认为的那样，是枯燥乏味、晦涩难懂的，而是如同阿波罗琵琶弹奏的乐曲那样美妙动听。

所有其他的问题我们都尝试着进行了解答，那么作为教育的目标，我们是否可以在本文结束前为幸福和安康下一个定义？也许我们无法给出一个更好的定义，那不如接受亚里士多德所说的吧：“幸福是灵魂在不受阻碍的生活中通往至善的活动。”幸福不在于你是什么，而在于你做什么；活动必须是灵魂的活动——整个人必须身心一致地行动，朝着至善的境界努力——并不完全是德行，还有我们所能从事的最好的工作，无论什么样的工作，这种活动都必须不能受到任何的阻碍，我们必须获得去从事适合我们的工作的机会。唤醒灵魂，无论什么事物，只要是真实的、可爱的、高贵的、纯洁的、声誉好的，我们就将它们的影像展现在灵魂面前；凡是阻挠或削弱智力发展的障碍，一律要被清除掉；这就是被我们称为推理能力训练的工作。

第七章
论想象力的培养

喜欢用挑剔的目光来考虑问题的读者，或许会匆忙地做出假定，认为我这篇文章的主题有些轻率，或者说我这种提法有些奇异古怪。按照他们所提出的一种奇特排列，论述想象力的著作往往会被拿出来与一些不搭界的作品相提并论，其中甚至包括爱情小说和传奇故事，因此这一类作品往往蒙受着难以定义的怀疑，除非是为了最直率、最不严肃的那种娱乐消遣，否则头脑清楚、心态平和的人对此必须警惕。想想吧，充满了最高尚的想象力的、最好的著作通常总是在文学教育中发挥作用。这种现象经常让我吃惊，并不由自主地开始深思——普通的文学练习为特殊能力的培养所提供的范围是多么的狭窄啊。人们热衷于精心选择经典修辞学者和诗人的著作，从中进行摘录，然后编辑成高雅的选本，并以此为目的向学生们讲授古老的短文和诗篇。至少是在我上小学的时候，没有哪个孩子能够受到鼓励，可以按照自己的行动方针独立地去闯新路，自由地在田野里穿行，寻求想象的冒险。即使在英国教育的早期阶段，其目标也不过是让学生们把自己的真实体验写下来，或者去乡下待上一天，或者去海边散步。直到最近，有些教师才开始鼓励学生根据自己的想象进行诗歌创作和编故事；甚至到了现在，许多教育评论者还认为这样的练习纯属业余爱好，在实用方面缺少坚实牢固的基础。

但是，在这篇文章中，我希望回顾一下这个主题的根源，显然这也是我要阐述的首要问题。想象力是一种纯粹而又简朴、再常见不过的能力，能够安排生活场景的富有创造力的想象或许不能构成浪漫的经历，不能在戏剧性情景中展现自己构想的人物；但是，有一种想象力却是非常简单的，它可以通过回顾过去、预测或期望某些有趣事件的发生来获得乐趣。厌倦在学校上课的学生们会在放假的第一天去考虑应该做些什么事；当孩子焦虑地预感到父母可能感到不愉快的时候，就会运用自己的想象力来释放自己过于紧张的情绪；但真相是，想象力在所有人的愉快或不愉快经历中起着重要的作用，就此而论，无论何时，当我们在回忆或者预感中躲避现实的时候，我们都会运用想象力。那么，我需要考虑的第一点就是：无论是在什么样的情况下，是否应该训练这种永不安宁、能够产生影响力的能力？这样一来，想象力也许就不会萎缩，也许不会变得能够支配一切。第二点，就是进一步去思考：富有创造性的想象力是不是一种需要精心开发的能力？

首先，在我看来，教育对于人的头脑最有效的、本能的力量的运用和控制一直采取漠视的态度，这简直是太离奇了。我们总是在周密地考虑如何增强学生的体质，花费大量的时间去训练学生的记忆能力、提高他们的理性和智力；然后，我们会继续锻炼和净化学生的性格和意志；我们努力地让学生培养憎恨罪恶、崇尚美德的情感。但与此同时，孩子们小小的脑袋里正在想什么呢？学生的大脑正努力地思考着如何完成老师强加给他们的很多苦差事，不同程度地让自己的大脑去适应自身的生活环境，学习某些在公开场合可能会用到的行为规范。然而，学生的思绪始终在秘密地来回转动，思索着自己所经历的愉快的或不愉快的记忆，并且学会在烦闷的时候来自我安慰，为未来粗略地计划着什么。我还记得自己当小学校长时，与一班学生面对面坐在一起的情景；我时常看到学生们埋头做功课的情景，他们手里的笔时动时停，不时地翻看着课本，偶尔会仰起脖子，这些表情说明，某种视觉正在他们的“心灵之眼”前面经过。正如华兹华斯所做的恰当观察一样，心灵之眼构成了“孤寂时分的乐园”——暂时忘掉身边的景色。我并不是说思想是一种遥远的或者高尚的东西——应当怎么说呢，或许只是一些琐碎的记忆，或许只是对于开心的事的一种期待。但是，如果我说人的大部分空闲时间，或者相当一部分工作时间可能都会以类似的方式花费在想象上，我认为我的话并没有夸张的成分。这一现象的确认完全可以在睡眠状态和做梦时找到！接着，本能开始有规律地发挥作用，既不是记忆，也不是预感，而是各种体验到的结果被编织在了一起，形成了一个通过自我创作而形成的故事。

假如你在思考以后才去生活，那么毫不夸张地说，人的幸福感和不幸福感，很大一部分都源自我们对生活的深思——曾经有过的状态、可能会有的状态、也许会出现的状态。啊，天哪！还要对本不该发生但确实发生了的事情进行深思。比肯斯菲尔德勋爵说："我最不幸的经历就是那些还没有发生在我身上的经历。"此外，他还对生活进行了同样尖锐的评论。他说，在他所认识的聪明人中，半数以上都给他留下了这样的印象：一部分人受到别人的仇视和嫉妒，另一部分人受人尊敬和爱戴。但是，比肯斯菲尔德勋爵说的这些话都是不正确的！

想象力具有一种自我呈现的功能，是从外部对我们自身的生活和地位进行考察的能力；无论是从健全头脑中想出来的计划和产生的愉快的希望，还是源自内心的恐惧和阴暗的焦虑，根本原因都是想象，后者所缺乏的其实是健康的心理。当然，这种并非异常现象。人类生活中那些深沉的、固执的成分会在未经训练、不受注意的情况下留存下来，并且任意蔓延，自给自足。教师所做的一切当然就是尽可能地把精神集中起来，在特定的时间内搞好自己的工作，如果在他的内心还存在着伦理道德的目的，那么他也许会不时地劝说自己的学生不要去想那些乌七八糟的事情；但是在训练学生从容地运用大脑、持续进行自我控制方面，他们所做的努力毕竟还是太少了！

近来，相当一部分病理学家，在治疗强迫症患者或精神病人时，都非常重视观察患者的梦，并且在很大程度上将这种神经疾患归结为患者本能的萎缩，或是受到了环境的抑制，因为患者的梦泄露了很多迹象。但我却倾向于这样去想，未来的教育者不管怎样也要想方设法地多做一些——是的，他们必须要做好，无论如何也不能少于实际做的——至少是在讲授如何控制那种思想潜流的时候，因为幸福感和不幸福感真的是存在的。和学生们接触比较多的人都能明白，悬疑、失望、焦虑或是迷恋情色、觉得自己不受人欢迎等精神状态对于未成年学生的性格发育会造成什么样的破坏性影响。在我看来，我们似乎应该加以正确的指导和引导，从正面发动进攻，而不是放任自流。我并不是说需要特别深入地探索我们的想象力，但是我觉得应该坦诚地谈论这个话题并提出建议。问题的关键是让意志发挥作用，首先要诱导头脑认识其自我管理能力并进行实践，其次是要明确指出，通过热情来迎接和款待健康的思想，将不健康的思想驱逐出去，这都是有可能的。最佳的治疗手段是为每个学生提供他们真心喜爱的消遣活动。对许多学生而言，功课没有什么意思；还有一些学生，进行规定的体育活动对他们来说就像例行公事一样，并不能让他们活跃起来，也无法感受到快乐。也许有人会说，几乎没有哪个学生会同时喜欢功课和做运动，在其中他们觉得没有看出任何个体的区别。因此，每一个学生，如果获得成功表现的机会很少，那么就应该鼓励他们去培养自己特定的爱好，这就有很重要的意义了；因为头脑能够愉快地记忆，又有很好的预期工作会为不安静的想象力提供燃料，否则，想象力就会因为迟钝或者受到不快乐的低劣思想的影响而受到污染。对一个小学校长来说，他只能通过提供严格的时间表和定期的体育活动来安抚自己的良心。如果哪个学生在功课方面表现倦怠，或是体育活动的熟练程度比较差，那么学校的管理人员就应当仔细地找出这个学生真正喜欢的，并能够从中获得乐趣的事情，然后利用各种手段鼓励学生充分发挥自己的潜力。这是最好的改善方法，为学生们提供健康的精神食粮，并在他们的头脑中消化。但是我觉得一个优秀的教师应该做更多的事情——一次又一次地用简朴的语言向学生讲述练习控制自己思想的必要性。我的亲身经历表明，学生总是会对各种谈论感兴趣，比如道德方面或者宗教方面，这些话题本身就是以学生的实际体验为基础的。可以设想，一个教师要求班上的学生静坐 3 分钟，去想想最让他们高兴的事，并补充道，过一会儿他有话要对学生们说，那么这个教师就是在上一堂直观教学课，促使学生思考他们曾经有过的幻想是多么的短暂，多么的遥不可及；还有，这位老师也许可以针对某一件非常明确的事情要求学生进行 5 分钟的思考——比如想象自己在树林里，或者在海边，或者在药房，通过这样的方式来训练学生集中自己的思想，然后要求学生在纸上为自己刚刚想象到的东西列一个清单。这个过程可以被无限扩大；但是如果能够按照一定的规律性来做好这件事，那么训练学生集中思想对所观察的事物进行回忆和反思也完全是有可能的。或是提出某种品质，比如慷慨大方或者心怀不满，然后要求学生虚构一个简单的故事来进行证明。无论如何，这对于训练学生集中精神都是有效果的，只知道做些单调乏味工作的人是不会这么做的。我们的目标并不是训练记忆力或是逻辑思维能力，而是加强学生的想象力，因为想象力的能量巨大，能够唤起内心深处的力量，从而使学生从现在移向过去或未来。

很显然，我们的教育理论非常缺乏这种认识，因此很少有人去努力深入地研究被我们称之为“潜意识”的课题。这种奇特的思想潜流如此轻率地受到人们的忽视，任由其匆匆地随波逐流，没有任何明确的目的和目标，更不用说潜藏在其中的思想和意象。我不是说这样的训练能够立即赋予学生自我控制能力，但是大多数人最痛苦的往往都是由于“思想负担过重”所造成的。据我所知，在教育的过程中，除了非常偶然的因素之外，没有人会通过任何的努力，帮助学生与那未成熟的头脑、不愉快或者愉快的思想保持一定的距离；也没有训练学生用更加健康的思想观念和更大的力量来代替当前一些不那么好的思想潮流。大多数情况下，潜意识被认为是不可控制的，然而这种病态的联想能力，往往能够将各种想法像撒种子一样播种在头脑里，不久，想法就会生根发芽，其结果必然会向我们显示，那非凡的、有效的心理手段就在我们触手可及的地方，但关键是如何去应用。

就这一范围来说，我们应该看看更加消极的一面。当然，为了在自我控制方面训练学生头脑，我们已经做过很多工作，对此我坚信不疑。但是实际上，我们的整个教育建立在这样一个信念基础上，即我们也许不用采取任何新的手段，就可以开发学生那处于休眠状态的身体机能，比如想象能力；可我深信，当未来的几代人开始全面审视我们的教育方法和教育过程时，令人惊讶的事实会让他们产生深深的困惑，因为我们那么认真仔细地训练学生的各种能力，却偏偏不重视想象力的培养，而现实的情况恰恰表明——就像我前面讲过的那样，我们的幸福感和不幸福感主要来自想象力。每个人都应该意识到这样一个事实，即在我们的生活中总有一些时光看上去一切都很如意，也总有一些时光像阴影似的笼罩着我们，让我们产生沉闷的情绪，甚至让我们感到痛苦。在遭受失败的时候，或者在危急时刻，或者在悲惨时刻，我们都会产生一种非理智的警觉和焦虑。所有这一切都应归结于潜意识，至少我们应该在这方面做些试验，使其更好地服从我们的意愿。

现在，让我们换个话题，考虑一下进一步的可能性，即训练和发展一种更高层次的、具有创造性的想象力。事实上，这是相同主题的全部，似乎可以肯定，大多数人因为现有的能力被抑制或者处于休眠状态而感到苦恼。我认为，我们的智育教育在很大程度上是失败的，原因就在于此。现在的趋势是，我们将学生的注意力过多地引向了纯粹的逻辑能力和推理能力，完全剥夺了学生们在教育中应该享受到的那种单纯的学习乐趣。作为小学校长，我曾经做过很多试验；记得有一次我在一个比较迟钝的、学习成绩不太好的班级上课，为了让孩子们集中注意力听课，我便许诺下课前的几分钟会给他们讲个故事，条件是他们必须很好地掌握课堂上所学的内容。这取得了很好的效果，学生们都愉快而又努力地做着自己的功课；我的故事非常简单，但我尽力将它讲得简短生动，故事的内容也是轻松活泼的真实事件。但是，那些小小的脑袋对古老的、形象化的想象所迸发出来的热情，睁大的眼睛所放射出来的光彩，真的让我马上产生了一种力量感，而这种感觉是我在讲授拉丁散文和希腊语条件句时从来都没有体验过的。每到星期天的晚上，我总是在教室里给我的学生讲上一个小时的故事，尽管在伦理道德和知识学习方面，已经升入高年级的学生很难记住我的忠告，但是他们却能记住我所讲过的故事。

因此我觉得我们拥有一个获取知识的快乐源泉，只是这一点总是被忽略，甚至是被轻视，学习的快乐被视为一种不该拥有的享受；但是我们不会犯下这样的错误——用体操代替体育比赛，扼杀学生通过个人表现所获得的乐趣。老霍特里曾经将一种快乐的美妙感觉称为“作者甜美的骄傲”，那为什么我们不能对此也给予鼓励呢？最糟糕的是，我们过分期待具体的结果。我并不是说我们必须努力地培育莎士比亚、雪莱、萨克雷这样的天才人物，因为他们有属于自己的成才之路！我根本不想把这一代人培养成三流的写作爱好者。但很明显的是，许多学生不仅能够在欣赏幻想作品时获得乐趣，而且在唤醒和认识某种小的幻想以及他们自己头脑中的创造力方面也能够获得乐趣。当然，有些学生，不管是聪明的还是不聪明的，对他们来说，开展智力活动都是为了达到某种目的而让他们所接受的一种“历练”和“磨难”。但还是有相当多的学生比较羞怯，他们不敢让自己的文学才能和想象力被别人关注，可如果把这些谈成是理所当然的事情、是司空见惯的活动，他们就会带着极大的乐趣投身于文学创作。例如，在英格兰西北部城市的什鲁斯伯里学校、佩斯学校和卡莱尔学校，这项工作就是按照这个方向完成的——我敢说，全国各地还有很多学校在这么做，不过我亲眼见到的就是这三所学校——结果表明，即使是资质一般的学生，也能够进行诗歌和散文创作。

这种作文方法最大的亮点在于，即使无法对比较迟钝的学生产生太大的效果，这门课也能够以最有益于身心健康的方式来开发学生的创造能力，因为他们的头脑如果受到压制，他们在学习方面就很有可能朝着不健康、令他们苦恼的方向发展。

这样，我的建议在很大程度上就变成了一种诉求，这种诉求就是呼吁在教育过程中更加直接地去培养孩子们学习的乐趣。我们的教育最严重的错误在于，我们没有将教育的基础建立在满足人性官能的实际需求上，而是根据学究、道德家和实干家们缺乏营养的想象力，在假定的基础上构建出了一种学生应该具备的素质。

培养学习知识的乐趣，并从中获得美的享受，首先要做的就是根据学生的实际感知能力来逐步提高他们的学习兴趣。但是这项工作却在教育过程中受到了最为顽固、最为愚蠢的忽视。性格的发展具有生物的本性，性格不能被附加；性格必须根植在个人气质中，从精神层面获得营养和食物，就像种子从看不见的土壤和隐藏的水中吸收其所需要的养分一样。但是人们惯常的做法却是直接地、猛烈地向幼小的学生介绍伟大作家的代表作，而学生尚未发育成熟的头脑只能泛泛地欣赏作品的大概内容以及浪漫的故事情节。我们的文学教育的主要特征，就是缺乏对文学作品的等级、层次的划分和调整。当然了，在讲授古典文学课程的初期阶段会遇到一些困难，那是因为真正能够引起学生兴趣的作品并不多，无论是古希腊的还是拉丁的，这些对尚未养成成熟的文学学习习惯的学生基本上没有什么吸引力；但有些书籍，例如荷马的作品和色诺芬的《远征记》，本来是可以唤起学生好奇心、充实他们没有任何经验的头脑的，但是教学的方法却让学生觉得这些作品非常乏味，因为老师为他们提供的只是作品的片段，更多的时间全都用来透彻地分析语法了。比如说，即便像《爱丽丝梦游仙境》这么有趣的书，假如以每节课20行的速度来阅读，所有主要动词的时态都必须学会如何正确地使用，那么这就只能让学生们觉得这是一本令人厌倦和困惑的书。假如我们希望提高学生对于文学的热爱程度，那就必须要做一件事，即允许学生以足够快的速度来阅读，使学生能够在广度和高度上获得连续阅读的快感。不断查阅词典的做法本身就足以摧毁学生学习文学的乐趣；但总是有人辩护，说这样做有利于增强记忆力。他们认为学生必须要努力地背单词，只有这样才能免去翻词典的麻烦。但事实上这种做法就是“捡了芝麻丢西瓜”。他们不希望学生去猜测一个词的含义，如果学生没能查出生词的含义，还会被认为是逃避功课而受到惩罚。有人希望，将来学校里能够越来越多地讲授英语课程；但即便如此，把英语过多地当成一门学问来讲授的危险依然是存在的。古老的牛津大学出版部印刷所就是一个很好的例子，他们没能编出一本适合小学生阅读的莎士比亚戏剧读本——这本书中的导言部分内容非常博学，带着一副学者派头，而其中的注释部分则充斥着大量的文献、引文出处和说明。事实上，假如进行快速的交流，在小学生的头脑中，词与词之间的联系和词的派生对他们来说还是非常有趣的。大多数学生发现自己熟悉的词隐藏在变体中的时候，都会做出非常愉快的反应；但这些只应该在口头上进行传达。我们最应该做的是教会学生如何能够聪明地阅读一本书。学习古典文学，词汇终归是一大难点，因此我本人非常怀疑，试图让一般的学生在一段时间内同时学习一门以上的语言是否妥当，尤其像拉丁语、法语和英语这三种同源语言的学习，因为词形都差不多，比如 spiritus，esprit 和 spirit，它们承载的含义完全不同。所以我们的当务之急是如何减轻学生的负担，绝对不能让他们意识到自己必须要把越来越多的精力放在记忆单词上面。让我举一个具体的例子吧，像《亚瑟王之死》或《最后吟游诗人短诗集》这样的书，即便是小学生也能够很好地理解其中的内容。老师可以在上课之前用轻松的语调说一说作品的年代、场景和主人公，然后组织学生进行阅读，遇到不懂的词或者比较难的段落，老师可以解说一下，这样整个故事的情景就会迅速呈现在学生的眼前。大多数学生都会本能地对诗歌的韵律产生兴趣。当然，如果教师真的能够用精神饱满的感人方式来朗读这些作品，就一定能给学生留下极为深刻的印象，取得非常好的教学效果。因此每位老师都应该训练自己这种能力，这是优秀教师的必备条件之一。我真的希望学校每天都能为所有的学生安排一个小时的阅读课，并因此形成教育的坚实基础。一部分课时可以用来上英语课，一部分课时可用来上法语课，因为在法语的阅读材料中既有简单的记叙文，也有历史传奇，范围比较宽泛。坚持我们的目标非常简单，那就是让学生从这些书中获得兴趣、乐趣和情感，只有那些具备坚实知识素质的学生才有能够独立地去啃读这些书籍。教师应当精心地向学生们描述这些书籍作者的个性。这样读书的结果，如果坚持下去，就能使学生产生一种认识，也就是说，书和作者并不是孤立的、与读者隔绝的，我们要让学生认识到，一个民族的文学就像是一棵枝叶茂盛的大树，枝杈相连，相互缠绕，而且这些文学书籍能够忠实而又生动地反映不同时代的思想观念以及作者的立场，这不正是更广博的知识所给予我们的最富有激励作用的奖赏吗？有些书之所以枯燥乏味，是因为读者根本不知道作者为什么要不辞辛劳地，用特定的方式，在特定的时间里表达自己的思想。在我很小的时候，曾经读过一本书，但是对这本书的由来却感到非常模糊，这曾经让我茫然地以为，写出这样的书来让我读，这个作家真的挺讨厌。但是一旦你理解这些书中所表现出来的作者的品位、审美观念、情感或是乐趣，整个事情就会呈现出不同的面貌。

同样的原则和方法还可以应用于历史课和地理课，如果这两门课没有被视为孤立的现象，那么根据学生自身的体验，告诉他们外边的遥远世界正在发生的事情，也可以引起学生的兴趣。其目标是慢慢地拓宽学生们的视野，向他们说明，历史保留着今天的种子和根系；而地理则是他们在周边所能看到的生活戏剧在不同的气候和地形条件下呈现出的变化。有些知识令未成熟的头脑觉得枯燥可怕，那是因为这些知识本身表现出来的是一堆需要掌握的干瘪教条，与学生的自身体验没有任何实际的、明显的联系，所以我们的目标应当是教会学生以极大的热情和兴趣来观察他们自身的小圈子外所发生的事情，帮助他们有意识地沿着时间和空间的路径前进，这些路径从学生自身所在的位置向各个方向发散开来。

所有存在着联系的知识都具有一定的刺激作用，所有没有联系的知识都是呆板的，这种说法无可争议。在所有的学科中，最富有成果的也许是生动的传记，凡是认真的教师都可以完成这项比较有价值的任务，为学生们提供他们的头脑能够理解的一系列伟大人物的生平事迹。一般说来，一流的传记需要读者具备大量的知识，而且对于学生那储备不足的大脑来说，这些知识量显然是难以达到的。但是当我一次又一次与学生们在一起的时候，却发现简单的传记课程在所有的课程中是最吸引人的。有一段时间，每当我和自己的孩子在一起的时候，我总是随意地从书架上取下一本书，然后从中选取一两段有趣的篇章为他们朗读，向他们解释为什么作者会选择这样一个主题，作者为什么要这么写，作品的创作背景，例如作者的生活、性格以及作者所处的时代环境，等等。

所有这一切都会遇到以下困难：知识的领域是那么广阔，涉及的门类有那么多种，但我们的学生的接受能力却是如此有限，用来接受教育的时间又是那么的短暂，这些都会导致我们在努力克服这些困难的同时感到胆怯和畏缩不前。此外，我们还有一种模糊的看法，认为见多识广、知识丰富的人就应该大致了解这个世界的本来面目、历史的进程以及不同时代的文学；但与此同时，科学家们却认为自然过程和自然规律等方面的常识才是更为迫切需要了解的。在这里我不想探讨科学，但是我完全赞成科学家们的信念——学习科学常识是非常重要的。不过，尽管我们相信，让学生多掌握一些知识是明智的，但结果呢，我们却一直在像抹糨糊一样把最干巴巴的知识薄薄地涂抹在学生的头上，而所有生动的学习生活却在知识学习的过程中被蒸发了。坦白地说，知识这个东西太过庞大，试图全面学习是不可能的；因此我们今后需要适当地、尽可能面对面地去抵制纯粹的知识的学习。我们必须要努力去做的就是教育学生开发自己的好奇感、兴趣感、想象力和同情感；我们必须从学生自身开始，引导他们摆脱自身的束缚。最真实的目标是要让学生产生这样的感觉，即在他们身边充满了大自然奇特而又美丽的奥秘，对于这一点，他们自己就能够观察到某些现象。在人类历史上，在学生身边的伟大世界中，到处都充满了有趣的、生机勃勃的人物，他们干过苦力，辛苦地工作过、爱过、行动过，忍受过痛苦、犯过罪，感受过低劣和自私的欲望冲动，但他们同样也有美好的、崇高的和鼓舞人心的希望。我们要让学生们相信，心胸狭窄、待人吝啬、无礼傲慢、无端猜疑、斤斤计较、自我满足都是不好的行为。通过想象而产生的同情心，将是我们所有努力的结果。如果我们的目标只是产生一种同情感，那我们所得到的或许是含糊的感情主义，这些只是由于表面的痛苦而引起的悲伤，并且急切地希望能够暂时得到缓解，但是这样做的结果能否完全治愈身体机能和习性方面的毛病，却是无法反映出来的。如果我们的目标仅仅是想象力，那么我们所得到的只能是戏剧性的场景和浪漫的艺术性乐趣，并没有什么特别的意义。我们的目标应该是培养对别人的怜悯之心，培养体谅他人的同情感以及对于别人的赞美和仿效；想象力本身能够关心情感的起因，但如果没有想象力，这种感觉就只能是含糊的，这一点必须依靠想象力来增强。我们一方面希望学生憎恨权力行使过程中的专横、霸道、偏执和冷酷，另一方面还要怀疑权力行使过程中的愚蠢、无知、卑鄙、自私和猜疑等行为。研究和学习高水平的文学是有价值的，不仅仅是因为可以增进学生的学识，提高精美语言的运用能力以及培养学生的欣赏品位，而且还因为伟大的作品能够反映出人类本性中最崇高的希望和最宽广的视野。伴随着感知的能力和情感，认识并理解他人的生活、他人的需求、他人的活动和他人的问题——与此相比，那种只是明确地拓展知识范围的教学，并没有发挥多么大的作用。

不要觉得我肯定是因为力不能及、忽略了对于逻辑分析能力和理性判断能力的强有力运用才说这些话的，那只是教育的一个方面；我在旧的理论中发现了严重的缺陷，那就是几乎所有的教育力量和教育策略都专门用来强化学生的头脑，把学生的头脑制成一件完美的工具，但同时却无法看到学生的学习动机，在缺乏动机的情况下引导学生使用这一工具，其结果必然会导致学生以为是在为自身的优势而单独地强化自己的头脑。不管怎么说，这种短见的利己主义的理论必须要被修正。我的目标并不是想要简单地向学生指出他们能够从文学巨著中获得多少自私的乐趣，相反，我是想要向他们说明，在这个世界上，他们并不是孤立存在的，并不是与世隔绝的。对他们来说，争取和保留能够得到的一切都是无可非议的；但是他们又通过情感和利益与伙伴们联系在了一起，而且幸福感的程度取决于他们是否意识到了这一点，因此他们对社会的贡献以及在社会中的地位就必须依靠自己公正、无私、忘我的精神来获得，还有他们愿意用什么样的态度来与他人分享自己的优势。“公民学”（大家都这么叫）这门课程的开设也许能够在这一方面发挥些作用，比如向学生们解说与社会接触需要注意哪些问题。但是，在社会构成中，根本没有什么有益的“使用说明”，除非是用某种方法来激发有责任心的动机，使这些人能够像英雄一样具有美好的为国服务的美德。

我之所以谈论想象力的训练，真正的用意是说要激发学生的动力。所以我再次声明，这一点必须要把学生自身的体验作为基础。学生能够很好地理解各种可能性，比如当涉及某个小圈子、他的家庭和他的亲朋好友时，他就能够感受到情感。但是，就像大多数幼小的动物一样——实际上也包括相当数量的成年动物，它们往往会对不熟悉的人和事持有怀疑态度，预先就产生了敌意或者表现出冷漠的态度。如果他愿意与别人分享某种关系或者某个朋友，他就会急切地阻止外面的人进来。为了培养他富有想象力的同情心，使他深刻地理解其他人的行为方式和思想，让他清楚地意识到，就算能够唤起自己的信任感和高尚的品质，也无法垄断自己的小圈子——这是我们必须要教给他们的，因为这恰好不是那种凭借本能就可以逐渐养成的能力。

如此看来，为了说服学生去信仰高尚、美丽的生活，去信仰构筑社会模式以及将社区连接在一起的伟大思想，那对想象力的训练就需要我们付出真诚的努力。这样的事情不可能在一年间或十年间完成，但这的确应当成为教育的首要目标，让学生从一开始就想象应该如何与他人建立友谊，让自私的个人主义无处藏身。这也许不是教育唯一的结局，但我不相信还有什么样的结局能比它更高尚、更神圣。

第八章
论公民素质培养

一、公民素质的直接培养

在国民生活中，任何社会机构在其管辖范围内都有培养公民的责任和义务——无论是男性公民还是女性公民，这是它们所面临的共同问题。这个问题的本身呈现出多种多样的形式，而且培养的目标包括不同年龄、不同经历的人群。从根本上讲，这也是所有学校和所有教育场所最主要的问题。

按照教育家夸美纽斯的观点，教育的终极目的是为永生做准备；教育的直接目的是为现实的人生服务，培养具有“学问、德行和虔信”的人。根据这一定义，我们可以得出的结论是，所有的学校都必须担负起责任，为了所有学生共同的利益，尽最大的努力去培养学生的身体能力、智力以及精神力量，这是办学的根本目的。学校必须要确保将最优质的种族属性应用到公民素质的培养工作上来，这是一种艺术，它将人类生活的最高水平作为衡量标准，让全世界人们都可以在这种标准下生活。

事实上，公民的素质经常会通过一个城市的意识来得到阐明，这个问题也是所有人类美德中的焦点问题。它以一种非常实际的方式体现出了勇往直前的精神、无私的精神以及同情心，无论是战争期间，还是和平时期，它都可以展现出为国奉献、服务的精神。一般说来，英国的公民素质培养和民主政治的步伐是协调一致的。

“民主的进步不可阻挡，”法国历史学家德·托克维尔[①]说，“因为这是历史上最一致的、最古老的和最持久的发展趋势。”

但是民主的正确运转完全依赖于人的素质的提升，不仅仅是智力方面，还有精神方面。民主社会优于其他所有的社会形态，因此必须通过学校在同一时间告知学生有关民主社会政府的理论以及方式、方法等方面的信息，从而激发人们为社会做出自己的贡献，而不能只顾着自己的个人福利。还有，这些学校应该宣传国家利益高于个人利益或群体利益的观点。

---

① 德·托克维尔（Alexis de Tocqueville，1805—1859），法国政治思想家和历史学家。他最知名的著作是《论美国的民主》以及《旧制度与大革命》，在这两本书里他探讨了西方社会中民主、平等与自由之间的关系，并检视平等观念的崛起在个人与社会之间产生的摩擦。在《论美国的民主》一书里，托克维尔以他游历美国的经验，从古典自由主义的思想传统出发，探索美国的民主制度及其根源，这本书成为社会学的早期重要著作之一。托克维尔提出以私人慈善而非政府来协助贫穷人口的主张，也对于日后的保守主义和自由意志主义有着深远影响。托克维尔曾积极投入法国政治，包括从七月王朝（1830—1848）至第二共和国（1849—1851），但在1851年的政变后他便退出了政坛，并开始撰写《旧制度与大革命》，但只完成了全书的第一卷便去世了。

因此，学校的职责就是开拓很多国家人类生活的知识和同情心，满足人们的活动和愿望。国家间的礼貌谦让直接产生于他们在知识和精神方面所获得的诚实感，而国家的真正力量更多地在于如何将这些素质发扬光大，而不是扩张领土和提高生产力。

学校里讲授的所有课程都应该符合大多数公民的需要；如果无法做到这一点，要么是因为开设的这些课程是错的，要么就是因为根本没必要开设这些课程。

社会福利取决于个人对知识的正确使用，不论他们的知识是多么有限或是多么丰富，也不论他们所接受的是初等教育还是高等教育。

相对而言，在学校里培养社区精神也是非常重要的，但是采用直接的方式来教育公民的做法却一直存在着争议。这些方法其实并不是相互排斥的，操作起来也有显著的区别。一个学校如果没有开拓社区精神，没有在校内开展适当的培训工作，没有培养出完整的人才，显然存在着缺陷。当然，有些学校并没有在公民教育方面进行直接的指导，我们便不能做出同样的批评；因为间接的教学方式简直太多了。有些人认为，从结果上说让人觉得难以理解，但让他们明确地承认自己的成功或失败也是非常危险的行为。在这一方面，英国和美国所付出的努力还是很有借鉴意义的。

在很大程度上，随着我们对国民教育与生产力之间的直接关系的认识变得越来越深刻，其结果就导致了很多迹象的出现。有人曾经用普通的论点做出了很好的论述：

因为战争，在我们的人民中间已经产生了一种新的民族精神；假如我们准备在战争结束时恢复和改善我们国家的地位，这种民族精神就必须得到保持；除非每个男人和每个女人都开始了解并感觉到工业、农业、商业、航运和信贷是需要国家高度关注的事情，而教育则是促进这些事业发展的强有力的手段，否则即便我们做出了极大的努力，也无法恢复国家的元气。说得再简单一点儿，我们的大公司就赚不到钱，利润就会降低，靠工资生活的工人就会失去工作。

通过扩展教育体系来满足技术培训的需要，这也许会引起某些人的恐慌，尤其是那些渴望通过培训来充实教师资格的人。他们想要坚持让教师得到广泛和全面的培训，但其实每一门职业技术教育课程都包含着对公民的直接指导，他们大可不必如此。论证是现成的，随时都能拿出来，也非常简单。假如所有的男人和女人都必须努力而又完美地做好自己的工作，他们就需要学会如何参与政府事务，无论是国家政府还是当地政府，因为政府是靠他们的工作支持才得以正常运转的。此外，正确地学习一门行业知识或一种职业技能，可以引导他们感受到人类所有活动之间的相互关系。

另一方面，到目前为止，我们已经有了开设手工训练课程的学校，但最重要的是职业教育工作应当引入普通教育的计划中来。在这一方面，教育委员会咨询小组在最近提交了一份报告，报告中充满自信地提出了这样一个建议，即包括木工和缝纫在内的手工训练在中等学校都应该成为不可或缺的课程。他们的报告值得一读：

我们认为，目前的中等教育形式过于单一，只是通过课本和教师的讲授来培养学生们的头脑。作为平衡性和完整性的一个条件，智力才能的培养和手工技能的培训也必须包含在这一重要的目标内，而这也许只有靠系统工作才能完成。

这样一来，所有的脑力工作者与那些既能用手又能用脑的人之间就可以形成自发交往和相互理解的接触。莱瑟比教授强烈呼吁尽快开设这些课程，他坚持认为："有关劳动技能的一些课程必须要纳入我们的教育计划。"

大家一定还记得，以前就曾有人提议，年龄满 18 岁，没有在中等学校学习过，或者在中等学校学习期间没能很好地完成学业，不管是男生还是女生，都需要接受义务继续教育，因此，职业教育与这一制度的关系最为密切。

在我们的人口中，有相当比例的人没有充分接受过各种阶段的教育，而教育在很多方面都需要进行改革，对此，我们应该密切观察；不管怎么说，这些问题都深深地影响着公民素质。

正是由于我们早就期待着这项工作的开展，因此尽管缺少细节上的说明，学校在培养公民素质方面可以做到的事情，我们经过考虑，认为必须要包括以下几项：

1. 所有的孩子都必须接受一段较长时间的小学教育，在此期间，除了教育用途外，禁止雇用孩子从事其他任何工作；

2. 为所有年龄已满 18 周岁的男生或女生建立义务继续教育学校，在保证其完成工作任务的前提下，合理安排他们在学校上课的时间；

3. 从初级学校一直到大学，为有资格的男生和女生提供全面的机会，使他们能够继续自己的技术研究和人文学科的学习；

4. 改善师资配备，加强师资力量，与高等院校合作，对任课教师进行培训，以获得良好的教学效果，并且建立起相应的薪酬制度，确保这些教师的生活能够达到他们的基本要求，以便让他们更好地承担起职业责任。

通过学校培养公民素质的两个主要发展方面已经得到了一部分人的注意，也许我们可以做出如下总结，并分别加以考虑：

1. 直接对市民或公民授课；

2. 通过普通的学校社区培养公民的优秀素质。

二、公民的直接学习

对公民关系的研究，从某种程度上说，美国要比英国做得更好，发展得更快，这很有可能是源于这样一个事实——美国人的需要比英国人更加明显。不同民族和不同国籍的人们不断地涌入美国，在一般情况下，对于这些人，政府的目标就是使他们变成美国公民。同时，为了让抽象的研究适应真正的实践，美国人的部署也要比英国人大得多，他们将课堂与工厂、市政厅与国会大厦都连接起来了。正如美国一位学者所说的那样：

学者的生活，不管是灵感还是浪漫，在于完全相信真理；不管多么偏远和隔离，都是世界上的真理的一部分，都具有意想不到的实用性，是可以付诸实践的。

在美国有许多的学会和协会，其中教育方面就有美国教育协会、美国历史学会、美国全国市政联盟和美国政治学协会，这些组织稳定地开展工作，通过对公民素质的研究，确定了教育体制在各个方面展示出来的基本特征。他们的主要目的可以归纳为以下两点：

1. 让人们意识到，在社会环境中，法律对公民的约束是有好处的；

2. 让公民了解政府的组织形式和行政管理方法，以及相关政府部门的职能。

这些学会声称，通过让年轻的公民直接接触社区和国家的重要生活状况，就可以达到这些目的。为了能够更加清楚地说明这个问题，他们为自己正在进行的研究起了个名称，叫作“社区公民状况调查”。

之所以有人会产生不真实的感觉，很显然是因为在学校里没有系统、完整地学习知识所造成的，这一论证符合与外部社区紧密联系的要求，而且这种关系从始至终也得到了维护。

还有一种比较一致的意见，那就是公民应当从小学阶段的课程开始接受基本素质教育：

“我们认为，”美国历史学会第八委员会的一份报告中说道，“公民的基本素质教育应当渗透到儿童的整个学校生活中去。在低年级阶段，这种教育的最显著特征就是在学习的过程中直接与常规课程结合起来。通过诗歌、故事和歌曲来加快培养影响公民生活各种情感的速度。名人传记和名著阅读为间接地指导公民提供了很多机会。地理课的内容可以用来强调人类相互依存的关系——这是最早开设的对公民具有指导意义的学习课程。美术作品和建筑式样的欣赏有助于唤起公民对美和条理性的渴望。”

美国政治学协会下属的一个委员会最近质疑，他们非常明确地指出，美国各州大部分小学和中学实际上都开设了政治学课程，结果也令人非常满意，这也许清楚地说明我们必须在教育方面做出改革了。困难在于如何为学生提供合适的教材，在授课过程中增加一些当地的信息可以部分地解决这一问题。

但是，很少有学院和大学会不开设政治学课程。

没有人声称为公民讲课就能够培养出好的公民，但是这种方式也许可以能够让好的公民变得更加优秀。开设这门课程的理由其实在于它自身的内容。

这种学习是人类社会发展过程中的一个重要阶段，它的价值与中小学所开设的基础课程是同等重要的，就像自然科学和历史等学科一样。

此外，美国人的各种报告从始至终都坚持着学校中社会理想的力量，宣传学校履行职责所必须遵守的纪律，以及正确评价个人行动与班级、学校关系的重要性。

在英国，对直接教育公民的宣传一直都很笼统，而且不是那么协调；出于各种不同的原因，这项工作似乎还没有被引入学校，似乎也不太可能在现有的学校中得到发展。

1915 年，公民及道德教育联盟对教师和学校展开了细致的调查。他们宣布的结果令人失望，尽管他们可以用一句无可争议的格言来安慰自己——“做得最多的人没有时间来谈论自己的工作。”作为调查的成果，他们起草了一份声明，其中陈述了公民教育的目标。这份声明在总体目标和具体目标两个方面都和美国人所接受的观念多多少少有些不同。

假如义务继续教育制度能够被推行——现在有很多公民在小学毕业后就没有再接受过教育，至关重要的一点就是，在公民年龄满 18 周岁以前，应该以什么样的方式来对他们实施直接教育呢？而且，正是这类公民学校——而不是中小学，应当付出建设性的努力。

我们必须要记住，当时的教育大臣艾克兰先生曾经将这一科目引入了 1895 年的初级教育法令中，并提供了详细的教学大纲。这不仅普遍被认为是改革派官员的行动，而且还被认为是一种新的自由精神，并且呈现在教育体制外。

有些权威教育部门，例如在切斯特郡，他们所颁布的法令规定，公民学习应当与宗教教育一起进行，但是大多数地区都将教学事务交给教师来全权处理，任由他们对其他课程进行必要的改编，并发展学校精神。

艾克兰先生还煞费苦心制订出了一套教学大纲，他的本意是提倡分类教学，但这一目的不仅没有达到，反而导致了失败。有人认为这份大纲从心理学角度上来看是很不健全的，更何况他们现在还没有合适的教材。但是，整个教学过程通常会特别取决于某一位教师的个性，如果这位教师对自己所讲授的课程感兴趣，那么他自然而然地就会想办法来解决教材问题。

在《寄宿学校研究》一书中，作者以令人愉快的方式为我们介绍了一堂课。这堂课是以“我为人人，人人为我”这一利他主义的主题向年轻的公民讲解“税率”问题的。“公民卡洛斯”，一个疲惫的送报人，每天 5 点钟起床，他很有热情，对这堂有趣的课反响强烈。课程一开始，是老师先在黑板上画一幅示意图，图上写着“济贫院、寄宿学校、免费公共图书馆、路灯杆、洒水车、清洁工、警察、蒸汽压路机、挖土机、铲车”，等等。

假设有位名叫史密斯太太的纳税人，很显然，她已经从税费改革中获得了很多的好处：她受到保护，不会受到任何的伤害；她的财产是安全的；不论是白天还是夜晚，她都可以悠闲地在大街上散步；下水道堵了，有人会为她疏通；家里的垃圾，有人会替她清运；她有书和报纸可读；如果她有 10 个孩子，她可以让孩子们接受很好的免费教育——因此，如果孩子愿意学习，正常上学，等他们长大成人后，就能够轻松地谋生挣钱，过好日子；如果她有病了，可以去医院接受治疗；就算到了年迈体弱的那一天，她没有能力再去支付租金、购买食品和衣物，也会有人为她免费提供这一切。

“请不要再说下去了，帕克斯先生。”“公民卡洛斯”突然急切地插嘴说道。

如果马斯特曼教授所提出的“优秀公民”的定义是对的——那么“公民卡洛斯”就是一位毫无怨言的纳税人——不管他处于何种不利的地位，都能够保持理智，让自己成为这样的公民，而且在草图上，“公民卡洛斯”当然确定，税费都会得到合理的支配，因为他本人在以后的日子里也拥有投票权。

这样，某些课程的讲授很可能会比课程表上安排得更频繁一些。很少有小学校长会拒绝在他们的学校对公民开展合适的教育。他们会解释说，在公民教育方面，因地制宜地着手进行历史和地理课程的学习，是非常有效果的，这是一种惯例，而不是非要组织学生到学校附近的历史遗迹去参观。比如女王维多利亚诞辰纪念日的帝国日也应该被利用起来，以便唤起公民对国家利益的关心，并借此机会来鼓励公民了解相关的国家机构。所有这一切可以通过合适的阅读材料得到加强，这些书就是间接的指导工具，效果不一定会差到哪里去。

尽管许多中等学校有能力、有条件保证每周至少拿出一段时间来专门考虑当前的事件，而且非常自然的，历史和地理课程能够更完整地考虑国内与海外的制度和公共机构，可是与小学相比，中等学校并没有利用其自身优势为公民教育提供更多的机会。

开展地区调查和当地民意调查的想法也取得了一定的进展，而且这种做法在某些方面将被证明与美国高中的“社区公民状况调查”同样管用。

曾经有人试图将经济学课程引入中等学校，但最后他们却没有坚持这样做。1913 年，由教育委员会颁布的《中等学校课程备忘录》中就曾提议：“适当开设商务课程，使那些想要毕业后进入商界的人有机会学习一些商业策略和商业理论，与此同时，还可以设置政治史和制宪史等课程。”显然，教育委员会期待从普通课程当中选出一些课程，通过特别努力，按照不时出现的公共利益需求为公民授课，这样学生就能够从大体上了解社区周围各方面的情况，了解政治学的一些基本原则，了解有关社会改革运动的思想观念，以及一部分国际问题了。如果这样做，他们就能够学到一些实际的、与成人生活密切相关的入门知识。

按照这个方向，明智地学习一些语言能够产生实质性的帮助。尽管这一点在古希腊语和拉丁语方面特别有效，但是我们找不到任何理由说现代语言学习是无法达到同样目的的。然而，经常会有这样的情况出现，历史学习和现代国家制度方面的学习没能充分地与母语的学习联系起来。

与刚刚成立的一些中等学校形成鲜明对比的是，英国的公立学校和文法学校更像是学习古典文学的家园，正是通过这些学校的工作，古希腊和古罗马制度方面的知识才能够最大限度地对公民产生影响。

作为一门课程，政治学在高等院校已经得到了普及和发展，与此同时，在最近几年时间，对大英帝国及其制度的研究也很自然地取得了快速的进步。也许我们还应该注意到一些独特的倾向。这些倾向源于对战争的体验，它们促使人们建立专门的学校，研究和学习外国的制度和思想。在一些经济学校和历史学校中，人们尽可能多地尝试着学习所有以“公民教育”这个名义开设的课程，毕竟这些课程可以被定义为政治学和社会科学，并以直接和实际的方式进行讲解。

三、对公民进行的间接培训

该说的和该做的全部完成之后，在学校里对公民进行培训，这一理想的实现更多地需要依靠学生的智慧，而不是公民的直接学习。假如男人和女人能够将自己的精力投向正确的方向，他们就能够像寻觅宝藏那样急切地寻求知识。“智慧的力量超越了一切行动，纯净的智慧能够穿越并经受任何事物的考验。”

按照自然的顺序，还有这样的情况可能会发生，那就是在学校里培养学生的精神世界，将会催生一些新的机构的建成，以便与精心策划的学校生活联系起来，并确保其得到适当的表达。

然而，很多小学在采用这种方法的时候仍然存在着诸多的缺陷。假如发生这样的情况，也就说明除了教育活动和娱乐活动之外，学生在校读书期间不但被禁止工作，而且在学校的生活周期也被延长了，这样，在自治基础上开展的体育活动就有了机会。在这方面，小学生的积极性很高，也很有创新能力。他们愿意让自己的学校变成孩子生活的真正中心。眼下，很多小学生除了狭窄的房屋和街道之外，就再没有什么活动空间了。

因此，有重点地开展一些运动为课余活动的有序进行提供了机会，例如基督少年军、童子军、女童子军等，这些组织通过不同的方式为提高公民的素质做出了很大的贡献。如今，这样的团体已经成了教育界的权威，通过他们可以把班级和教育委员会联系起来。

曾经有许多人尝试着在小学里开展自我管理的试验，其中很多试验因为小学生不够成熟而被迫宣告失败，但是也有一些试验获得了巨大的成功。例如通过普选的方式来选举班长就非常成功。受到蒙台梭利教育法的启发，一些拥护者也有了自己的想法，他们采取措施在小学生活动的很多方面给予更多的自由。在圣潘克拉斯附近，一个以工人阶级家庭孩子为主体的互助社区，就做了很多有趣的试验。但是，儿童模拟法院的试验却遭到废弃，因为儿童心理学方面还有很多重要的课程尚未开设。

与小学一道，英国的很多中学和大学也在进行着类似的尝试，它们的做法类似“学校城市”和“美国乔治青年共和国”所开展的实验，其中最著名要属“多尔切斯特小英联邦”。通过接收失足儿童并允许学生进行自我管理，他们的试验取得了令人震惊的成果。但是，与预期的结果一样，学生们像成年公民一样完全承担起了自己在生活中的义务，恢复了青春的活力，并且荣幸地投身于为社会的服务中去，他们最终将会得到学校最好的评估，而且很自然地在这些机构的组织下，每个人都能够得到很好的照顾，进而保证了他们受保护的公民身份，到外部世界的过渡不会变得过于突然，但这也导致了有些学生认为自己所融入的是一个不真实的社会，完全脱离了生活的实际。

最近，一些学校以及类似的机构所搞的试验在原理和方法方面几乎都采取了合作的方式，但是，认为设想的教育方法能够获得巨大的成功，而且不用展开竞争，这些很有可能都是乌托邦式的空想。如果竞争是从校外获得的一种试验方式，那么必定也会在校内被复制。学校需要做的应该是限制竞争对于学生的影响，使其有利于学生的身心发育。

小学生进入中学以后，在学习上将会面临奖学金的竞争。与教育委员会的咨询委员会一样，我们必须要接受这样一个事实，即目前的“奖学金过度地根植在了这个国家的方式、习惯和特点上，这是有待取消的制度——尽管这样做在理论上可能会受到非常强烈的谴责”。但是，从公民的利益出发，奖学金应该授予非竞争性的测试，只要能够确保每个孩子都能接受适合的教育就可以了。

很多攀登教育阶梯的人会在考试前产生很大的压力和强烈的紧张感，这种状况经常是由于奖学金不够充分引起的，因为申请奖学金的目的往往是用来发展非常强烈的个人特征，很显然这是有损于公众利益的。

遗憾的是，现代教育课程的很多科目不但无法培养人们适当的社交能力——甚至无法为邻居提供帮助，而且显然学校也存在很大的过失，因此学校很有必要通过引进一些科目来打破这种平衡，让学生为了班级和学校的利益而努力学习这样的科目。例如手工课和社会调查就具备了以上这些性质，它们应当与体育活动一起受到鼓励，因为体育活动具有三个最基本的特征——个人成就、比赛获胜以及“遵守规则”。至于公民，与他们关系最为要紧的就是最后一条。

人们普遍承认，规模较大的公立学校最能体现英国学生生活的特色，尤其是当他们处于最佳状态的时候，就像他们在继承优秀传统方面所取得的成就一样，是非常光荣的。此外，他们总是有机会让自己适应新的需要。他们的改革也总是处于讨论之中，即便是到现在，他们也仍然在等待着某个人的偶然出现——阿诺德或者思林——在新的英格兰领导他们，因为英格兰无法避免地会变成新的。即便如此，他们所提出的责任感已经被转化成了英国政府的责任。

公立学校的学生渴望为家乡的政府贡献自己的力量，他们的目标一直都是议会，或是依照家庭传统为当地类似的机构服务。不过，对城市议员或穷人法律监护人轻视的倾向也正逐渐得到扭转。一些对穷人家庭生活状况比较了解的人，或者本身生活就比较贫困的人，也可以走进学校为学生们作报告，很少有学校会不欢迎这些访问者。通过这种方式，学生们能够知道失业到底意味着什么，渴望学习却无法获得学习的条件说明了什么，那么多的孩子究竟忍受着什么样的痛苦等，由此，他们也得到了展现自己同情心的机会；而且，除了很多学生马上就能够培养出来的实用兴趣之外，还有一点是毋庸置疑的，学生们将第一次从行为准则上，为自己构想出一个步入社会生活后的理想，尽管这个理想还是朦朦胧胧的。感谢宽宏大量的校长们的不断努力，因为越来越多的公立学校的学生已经认识到，他们是过去精神的受益者，不仅在高贵的传统方面拥有创造性，而且在实际的学习生活中也可以得到教育设施的提供和教学活动的财政资助。

在不远的未来，大学的教育规模有可能会扩大。古老的牛津大学和剑桥大学，它们伟大的学院制将得到加强，至于那些19 世纪末和 20 世纪初建立的大学，同样也会如此。我们要求更多、更好地培训教师，这不可避免地会导致更多的大学的创建。到目前为止，我们国家的大学教育经费一直不够充足，据此看来，将来可能会得到经费的增加。

大学生活为大学生们发展自我管理机构提供了大好机会，

这样做的直接结果是没有任何疑问的，在培养公民素质方面，大学必须被视为最有力量的机构，它的影响力超过了所有其他学校以及大多数的教育机构。公立学校的传统将被直接带到老牌大学，而且随着公立学校最好的精神传统逐渐渗透到我们的整个教育体系，甚至一直渗透到了小学教育本身，这些优秀的传统也会在相当大的程度上进入新的大学。如果在自我管理方面为学生生活发展所提供的充裕机会完全得到实现，如果有伟大的教师能够超越一切出现在那里，继承了纽曼所说的——“体现柏拉图的存在，让他的头脑驻足歇息，心中燃烧着思想，他和人类之间、他和他本人之间存在着一条联系的纽带，并在此后一直保持下来”——那么，所渴望的东西也就不算什么了。每所大学都必须要有这样的教师，或者说大学教师应当趋向于达到这样的水平。罗斯伯里勋爵在帝国大学代表大会上说：“靠着你们大学的基调和氛围以及你们的教授，你们就可以向学生灌输品质、道德、能量和爱国精神。”

从某种角度来看，欧洲所有的老牌大学——博洛尼亚、巴黎、布拉格、牛津、剑桥等——如果将它们按照不同的时期进行划分和隔离，它们一定会在清醒的状态下明确地表示强烈反对——它们会认为这是一种反公民的力量。从历史上讲，这些大学是社会共同利益不断向前发展的结果，它们所体现的是在知识追求这一伟大而又神圣的事业中所发挥出来的保障作用，最重要的是，它们的发展历程其实就是欧洲统一和欧洲公民权的发展历程。

封建制度依赖的是对地域进行划分——王国与王国、封地与封地之间的分割，依赖的是血统和种族之间的差别，依赖的是物质上的霸权和强权，依赖的是在偶然条件下形成的地域以及对于社会地位的忠诚。而另一方面，大学作为一种中坚力量，则坚决地对这种将人与人分离开来的做法表示反对。最小的学校其实就是欧洲，而不是什么其他的地方。

从最好的方面来看，大学所展现出来的精神特色如果能够与各阶层劳动人民的内在精神连接起来，就能够获得更多的为公民教育发起运动的机会。最著名的例子出现在 1882 年召开的牛津合作大会上，当时阿诺德·汤因比[①]强烈地要求与牛津合作的学校要承担起公民教育的使命。关于这个意愿，他明确表示："要为每一位公民提供受教育的机会，教育的内容涉及公民与公民、公民与整个社会的关系。"他进一步说道："如果将我们自身与社会分隔开来，我们就会有充分的理由放弃实现公民权的努力。我们永远也不能放弃这样一种信念，即公民权还需要从平凡世界的压力和困惑中来赢取，我们正在推动世界前进。"从那时起，合作者们年复一年地研究着公民教育这一理想，并组织开展了一定的教学活动。

另一个例子展现出了更大的力量，这股力量是在剑桥大学

---

① 阿诺德·汤因比（Arnold Toynbee，1852—1883），英国 19 世纪的著名经济史学家，是著名历史学家阿诺德·约瑟·汤因比的叔父。他是第一位将英国在 18 世纪因为工业技术改革，以使生产力大幅度提升的时期命名为"工业革命"的人。汤因比在伦敦出生，曾任教牛津大学贝利奥尔学院。他爱研究社会改革，并与成年学生一同研究。伦敦一所大学宿舍"汤因比楼"就以他的名字命名。

"大学推广运动"的倡导者与工人群众合作的过程中产生的，尤其是在洛奇代尔与诺丁汉的工人合作的过程中，紧随其后就是欧洲的劳动人民正面临着史无前例的文艺复兴，而且在煤矿工人大罢工爆发之前，诺森伯林郡和达勒姆郡正发生着一场文艺复兴变革运动。后来，在 1903 年，类似的联合行动促使劳工教育协会也发起了运动，这个协会所设想的目标始终是致力于公民教育事业的发展，并希望通过大学教育工作者和工人们共同的努力，通过教育的手段来提高公民的素质。大学辅导班制度同样起源于这个协会。这一制度始终将公民的理想当作基础，而并不单单是以工人群体获取知识的决心为基础，尽管从中可以很清楚地看出，利用所有可以获得的知识来满足自己的愿望，这并不是必须的，没有它也能够成为一个好公民，这种模糊的愿望也因此变得毫无意义。有些年轻人，无论男女，他们决心接受某种技术教育，目的是提高自己的生活地位和社会效用，这种态度是值得称道的。将他们作为特例排除以后，很显然，假如对于教育的诉求无法使受教育者丰富自己的生活，并通过他们的努力来让社会生活变得更加丰富，那么教育对劳动人民的吸引力就不会具有强烈的效果。这一类情况的证据建立在这样一个事实的基础上——在辅导班方面，经过多年的共同努力之后，他们并没有要求得到承认——实际上在有人主动提供帮助的时候，他们就已经婉言谢绝了，而且他们还自愿将自己的力量用来开展公民工作或是为他们所属的协会、工会工作，同时他们还会在自己所居住的地区开展教育普及工作，这样的例子非常多。这在很大程度上都归功于热情而又潜移默化的教育的作用。就劳动人民来说，这种热情激发着他们毫无异议地自愿接受完整的教育，其中就包括白天自愿去继续教育学校上课。

限制继续教育学校发展壮大的原因有很多，不过很显然的是，这些原因至少会被教育工作者和企业老板们视为非常重要的问题。根据学员在工作时专注于工作的时间，他们会有针对性地加强培训工作。狭窄的日常消遣活动的范围，事实上已经完全脱离了见习期的真实意义和意图。因此，在直接考虑继续教育学校日常工作的前提下，无论较高的教育水平，还是较完整的课程设置，都有希望扩大公民业余活动的范围。

夜校里的义务教育，除非能够满足人们对于某一种纯粹的消遣活动的需要，否则就会衰退。这种消遣活动或许可以和自愿夜校、继续教育学校联系在一起，使学生一路沿着学习的轨迹进入成年生活。而且，即使无法让继续教育学校中每一位有能力的学生都通过考试，进入大学或技术学院学习，或许人们也可以希望，在大学开设辅导班能够让他们获得学习一些高级课程的机会。未来，其实与现在一样，只有更大程度的发展，大学辅导班才会被人们视为大学教学工作中的一个必不可少的部分，为人们学习和公民关系最密切的课程提供机会。

这是劳工教育协会基本原则中的一条，也就是说，每一个人，如果没有被带着某种敌意的强大的影响力控制，就应当为响应这一教育呼吁做好准备。的确，协会不要求大家都成为学者，但是协会可以引导大家以理解的眼光去观察四周纯洁美丽的事物。倦怠的男人和女人，如果带他们去参观美术馆和博物馆——就像协会经常做的那样，或是组织他们游览一些风景名胜，在大自然中，他们就会对自己的所见所闻产生愉悦，这样的活动多了，自然就能陶冶情操，在不知不觉中就能够变成更好的公民。这些活动的开展几乎是在无限的程度上进行的，正是通过这种工作的拓展，社会改革的真实目的才有可能以最佳的形式实现。也正是因为利用了这样一些手段，报刊的品位也能升华，电影的水平才能提高，煽动者的努力才会无效。

劳工教育协会建立的基础是：初级学校的工作，包括行业工会在内的劳动人民社团的工作。在这些社团中能够获得和使用民主的方式，这本身就证明了协会对公民的宝贵贡献，它确定了所有成人教育的民主性质。学生有权利自由地选择他们想学的东西，在合理需求的范围内找到适合自己学习的专业，并按照自己的意愿度过一生，同时与同伴的需要和抱负保持和谐一致。

在回顾学校和教育机构与公民素质提高的关系时，社会影响的实际情况似乎在每一点上都表现得很含蓄。在任何一种情况下，尽管学校对于时代所起的作用都寄予很大的希望，但学校总是会受到所处的社会环境的影响——要么遇到阻碍，要么得到帮助，这是毋庸置疑的。作用与反作用的过程显示了社会与学校之间的关系。德国教育改革家威廉·冯·洪堡说过："我们希望看到被引入国家生活中的事物，不管什么事物，首先必须被引入学校。"至于其他方面，学生的评价能力也是有必要在学校里培养的，这能让他们充分认识到获得人类福祉需要从事的所有工作。这也是通过教育为公民付出所有努力的关键。从长远来看，除非具备强大的寻求意图的能力——不是为了个人的利益，而是为了公共利益才加以开发，否则就不会出现更为充分的公民权利。这是教育制度的一项最根本的任务。如果一个人所从事的是不适合他的工作，那么无论是读大学还是当矿工，他的内心都会感到愿望受挫，无法通过与别人交往来充分展现自己的存在价值。相反，如果一个人从事的是适合自己的工作，他就愿意展现自己的能力，高高兴兴地工作，并不断努力完善自己的工作，把自己的所有能量全都释放出来。培训好公民，结果自然是不可避免地提升整个社会的品质。通过积极而又直接地参与政府的方式来培训公民，这也许并不是对于公民身份的认可。西拉书的儿子在思索工匠的地位时说过：

“他们相信自己的双手，每一个工匠都聪明地做着自己的工作。

“没有他们，这个城市就不会有人居住……是他们让世界保持着现在的状态，他们的愿望体现在了他们的工作和他们的手艺上。”

时代不同了，人们的需求也随之改变，对一个公民的考验，也许是在拥有优势地位之后能否保持健康状态，而不是内心各种欲望的占有程度和满意程度。“保持世界状态”绝对不是卑鄙的野心。

如果一个人从事的工作并不适合他，那么他再要成为一个好公民就会变得非常困难；如果一个人被安排去做低劣的工作或是对社会有害的工作，那么他就更加难以成为一个好公民。

学校面临的任务是繁重的，但是学校并不是孤立存在的，在现代国家里，家庭、教会与学校是天然的盟友。

所有类似的东西都会犯错误，但是，假如它们能够清楚地为自己设立一个目标，然后不遗余力地帮助所有人释放自身的能力，以此来实现整个社会的福祉，那么智慧就会不断地增长，生活中的悲剧也就可以避免了。

这样，崇高的理想就能够展现出来，我们必须保证这些理想会得到普遍的承认；除了需要立即进行的思考，因为这些思考在人们的头脑中过分膨胀，就会得出错误的结论；这往往会让我们联想到资金受限，缺少对极为充足的智慧力量的信任。

正是由于一个民族为其最高理想做出了奉献，真实的城市和真实的国家才能在地球上变成现实，而这个民族奉献的程度在任何时候、任何地方都能够决定其公民素质的真实水平，不论其教学手段和培训方法有多么先进。

第九章
论文学在教育中的地位

对于教育问题，每一个人，或者说至少每一位家长都认为自己是有权发表意见，说出自己的看法的。但是教育论文或教育专家精心思考出来的观点的人气却非常有限。实际上，教育专家的高谈阔论除了在自己的圈子里有市场以外，圈外的人对他们并没有多么大的兴趣。即使是一般的教师，也只是偶尔意识到自己置身于这个圈子，通常情况下也不会在意在更广泛的方面进行教育。毫无疑问，这主要是因为教师在日常的教学活动中“只见树木，不见森林”，他无法从旁观者的角度将教育视为一个整体。但是，门外汉的漠不关心却主要归结于一个事实，就是教育理论，如同其他一些专门学科一样，教育也不可避免地要有自己一套的行话，这可以说是一种不可或缺的简单的表达方式。专家们用起来很方便，但是对非专业人员来说，这些专业术语就显得太抽象了。

教育理论家们的实际想法常常会在教师所使用的专门术语中反映出来，但是理论家们在其抽象的推理过程当中往往看不到学生的个体多样性，而实际上这又是很必要的。适合甲的未必适合乙，适合甲、乙的未必适合丙——我们很容易忽略这一点。可以肯定的是，在讨论教育问题的时候，我们必须要正视一点：我们教育的对象是一个个实际的个体。不然的话，那些“年龄在 15 岁的一般学生”非常有可能成为我们想象中的怪物，而我们打算提供给他们的“知识粮食”可能并不适合“这个世界里的男孩或女孩的口味”，他们无法消化我们建议开设的课程中的内容。

思索“文学在教育中的地位”这一问题，我很想结合我接触过的一些学生的实际情况，来阐述我的想法。我曾经读过小学和中学，读过大学，当过学院导师，当过学校校长，因此我对教育非常熟悉，我了解我自己，了解我的学生，了解各种类型公立学校的学生——我说的是各种类型公立学校里的学生。因为尽管从普通角度来说，公立学校的某些表面特征很容易就能识别出来，但要是说所有的公立学校的学生在性格和视野方面都十分相像，这种比较流行的看法，其实是一种错觉。

我再一次声明，当我说到文学的时候，我说的就只是文学，而不是用于任何非科学领域的简明术语。当今这个社会，各种研究都混杂到了一起，要么贴着文学的标签，要么贴着人文主义的标签，于是就有许多人自然地将科学和这些研究形成了一种对立；在我看来，从事物的本质上讲，这种说法没有任何根据，也破坏了没有任何偏见的教育观点。也许有人认为，文学从字面意义上讲只不过是一个名称罢了，任何借助可以理解的语言表达出来的东西都可以被称为文学——语言的使用不允许和科学的意思进行比较，但这样的语言从教育的利益方面来看，也不可能导致任何想法的形成。不过我所要说的“文学”，是大家普遍可以接受的那个没有任何其他特殊含义的词语；而且，尽管我承认自己无法给出一个精确的、详尽的定义，但我仍然愿意冒昧地以任何语言形式、从美学价值的角度将文学描述为——思想和情感的表达方式。这样，文学的题材就只限于经验；正如埃米尔·法盖[①]在什么地方曾经说过的，所谓文学，就是“从成千上万的现实事件中选取最有意义的，然后进行整理，给人留下强烈的印象”，埃米尔·法盖并没有声称自己发现了什么。至于文学的音调，它的范围可以从以赛亚[②]到威彻利[③]，从修昔底德[④]到托尔斯泰；它的形式可以

① 埃米尔·法盖（Auguste Émile Faguet，1847—1916），法国作家、文艺评论家、教育家、政治思想家。代表作有《19 世纪的政治思想家》《法国文学史》《巴尔扎克》《解读尼采》等。

② 以赛亚（Isaiah），《以赛亚书》中的主要人物，传统上认为他是该书的作者。他是公元前 8 世纪的犹太先知。

③ 威彻利（William Wycherley，1640—1716），英国剧作家和诗人，主要作品有《乡下女人》《光明磊落者》《森林中的爱情》《舞蹈大师绅士》。

④ 修昔底德（Thucydides，约公元前 460—公元前 396），希腊历史学家，主要作品有《伯罗奔尼撒战争史》。

从品达[①]的抒情诗到民歌，从拉辛[②]的诗剧到鲁德亚德·吉卜林[③]的诗，从吉本[④]的《罗马帝国衰亡史》到希罗多德[⑤]的《希腊波斯战争》，或者到傅华萨[⑥]的《闻见录》。没有哪两个人能够同意一条统一的美学价值界线——以此来确定某一给定的思想情感表达的篇章是否属于文学范畴；但事实上，当我们为学生选择能够培养他们文学品位的书籍的时候，这一点就变得不那么重要了。为了讨论文学在教育中的地位和作用问题，我们就必须足够清楚地了解文学这个词的一般含义，这一点我在前面已经描述过了。

---

① 品达（约公元前518—公元前438），古希腊抒情诗人。主要作品有《阿波罗赞歌》《狄俄倪索斯赞歌》《前奏》《少女之歌》《舞曲》《颂歌》《挽歌》《胜利曲》，其中只有《胜利曲》被完整保留了下来。

② 拉辛（Jean Racine，1639—1699），法国剧作家，与高乃依和莫里哀合称17世纪最伟大的三位法国剧作家。主要作品有《德巴依特》《亚历山大》《昂朵马格》《讼棍》《巴雅泽》《米特里达特》《伊菲莱涅亚》《费德尔》等。

③ 鲁德亚德·吉卜林（Joseph Rudyard Kipling，1865—1936），英国作家及诗人。主要著作有儿童故事《丛林奇谭》，小说《基姆》等。1907年获得了诺贝尔文学奖。

④ 吉本（Edward Gibbon，1737—1794），英国历史学家，主要作品有《罗马帝国衰亡史》。

⑤ 希罗多德（Herodotus，公元前484—公元前425），古希腊作家，他把旅行中的所闻所见，以及波斯阿契美尼德帝国的历史记录下来，著成《历史》一书，成为西方文学史上第一部完整流传下来的散文作品。

⑥ 傅华萨（Jean Froissart，约1337—1405），法国作家。作品既包括短抒情诗，也有较长的叙事诗。主要作品有《见闻录》。

因为总体上这并不是一本论述教育的册子，所以简洁起见，我必须冒点风险，大胆地、武断地做出一个判断，即文学学习作为教育的一部分，它的目标应该是以下三点：1. 培养适合文明生活的个性；2. 永久提供纯洁的、不可剥夺的乐趣的源泉；3. 让学生在接受教育过程中获得即时的乐趣。这三个目标既可以单独拿出来，同时又不会相互排斥。事实上，我们也不能将这些目标生硬地割裂开。但是，不同目标之间的明显差异还是需要我们去分别对待的。

1. 几乎没有人会否认，文学知识和文学欣赏是完整的教育过程中不可或缺的一部分。文明社会的正式成员一定会赞成这句熟悉的名言："我是人，人性所在，我无例外。（Homo sum; nibil humanum a me alienum puto.）"自柏拉图以来，总有这样一些思想家，他们出于道德或者政治的考虑，疑惑地估量着文学的力量，但是他们的忧虑却恰恰证明了文学的力量。由此说来，无论过去还是现在，文学都是人类生活中一个非常重要的部分，如果不能真正地认识到这一点，那么生活肯定就不会充实。一个人即使没有任何文学知识和修养，也可能是一个非常伟大的人或者一个非常好的人，无论是和平时期还是战争时期，他都有可能为自己的国家和世界做出不朽的贡献。但随着世界的不断向前发展，没有受过教育的文盲想要成为天才人物的机遇将会越来越少。文学以这样或那样的方式——无疑经常用于邪恶的用途——在很大程度上已经成为文明生活的重要组成部分，以至于凡是清醒的头脑都几乎不可能不留意文学。而且不管怎么样，我们用不着去考虑那种特殊的天才，因为教育是培养不出天才来的——当然也毁灭不了天才，教育在这方面的作用非常小。严肃地说，几乎不可能有人会否认，为了充分而又有智慧地参与文明社会的日常生活——比如恋爱、交朋友、家庭生活、社会生活、学习以及市民的各种行为——具备某种文学修养是绝对必要的。不仅如此，受制于个人素质和社会要求之间的平衡，文学文化越宽广、越有深度，作为社会成员，他就越有价值。如果说各种形式的社会功能——无论是商务还是休闲，都存在着一种润滑剂的话，那这种润滑剂就是同情心，而且我们似乎可以这样说，足够量的同情心能够润滑文明生活中各种复杂的机制，但是只有依靠广泛的知识，也就是在这个世界上被认为最好的、大量的知识，才能让人拥有同情心。人们的相互交往，是同情心的强大来源；文学能够为此提供难以计数的渠道。如果缺少这些渠道，也许某个个体的同情心会十分强烈和真实生动，但是终究只能被狭隘地限制在一定的范围内。真实的情况是，仅仅通过书本来了解人类是不可能完全的；不过，自从人类找到了如何让自己的话语以书面的形式长久地保存下来的方法，人们就越来越真切地意识到，文学是扩大和加深这些知识的主要手段。

文学学习这个目标，也许可以用古罗马诗人奥维德那优雅而又亲切的诗句加以概括，即适应文明生活的个性的形成。奥维德曾经写道，他几乎想到了文学所有的一切。然而，在众多伟大的作家中，他们所缺乏的只是个人素质和社会要求应有的平衡（这一点我刚刚在前面讲过），而在众多的教育者和教育制度中，他们却忽视了这种平衡，因此，将文学作为教育科目在当事人肤浅的思想中是得不到信任的，而且经常受到轻视。这个世界上所有的好市民或好人——以最好的措辞——决不能成为文学倾向的奴隶，损害其作为父亲、丈夫、朋友、实干家、实业家的作用。文字的世界，假如过于专一地生活在其中，那就会变成一个不真实的世界；如果没有文学，现实世界也几乎就没有什么意义。文学的思想，就像卡莱尔所说的那样，"丰富了这个世界的血液"。如今，特别容易激动的诗人已经非常普遍地出现在了善良的普通人面前，虽然他们的生活艺术还有这样或那样的缺陷。假如他们强烈的愿望一直高于他们那个岁月的标准，那么他们的社会实践在个人素质方面，例如廉洁、忠诚和关心他人等，从本质上说就会一直低于他们愿望的标准。此外，他们的人生观，尽管曾经是那么的强烈，那么的鼓舞人心，却常常带有某种偏见。即使这样，我们也无法因此断定：由于诗人或者哲学家不可能在各个方面"都有造诣"，因此他们的作品就不能对一个人品质的逐步形成有益。假如相信这样的判断，我们就必须以同样的推理放弃那些厌恶人类发明家的发现和犯有重婚罪的化学家的理论。我们求助于柏拉图和卡图卢斯[①]、莎士比亚和雪莱，寻找他们不得不给予的东西：假如我们带着自己的"宠物"的概念，认为我们想象的就应该如此，我们自然就会感到厌烦，就像赫伯特·斯

---

① 卡图卢斯（Gaius Valerius Catullus，约公元前 87—公元前 54），古罗马诗人。

宾塞[1]厌恶荷马，托尔斯泰不喜欢莎士比亚一样。确实，托尔斯泰真的是一个很有说服力的例子。他是一位文学巨匠，他的代表作已经成为经典，无论是从批评的角度还是从赞扬的角度来看，所有的各种不同的判断都影响不了托尔斯泰在文学界的地位。

也许，除了数量如此众多的作家之外，缺乏素质且要求应有的平衡的人的名单上，还可以增加一些艺术家的名字，其结果当然会使文学在教育中受到贬低和不信任。这种现象的出现并非没有道理，从整体上看，表现出了如今英国人的态度和特征。对于表现这一态度更有说服力的、更真实的理由则是，许多教育家和教育制度也忽视了素质与要求之间的平衡。伟大的教育家们很少是那种胸襟狭窄、思想偏执的人，但是他们所创立的教育理念却总也摆脱不了传统思想的轨迹。

以鼓舞人心的事物作为开始的新东西，往往会被硬化成一种公式。文艺复兴时期的理想到了 18 世纪和 19 世纪，遭受到了非常夸张的讽刺。现代生活的演变，包括城市、印刷机、火药、蒸汽机等，被毁坏的已经不仅仅是富人们的需求，即使那些准备用骑士艺术、狩猎艺术、耕种艺术，甚至音乐和设计来培养人才的生活富裕的人们也不例外。这样一来，男孩子们的身体活动只能退居到游戏和消遣上。随着书本越来越多地侵占学生们的时间，学校的老师也越来越不可抗拒地按部就班地照

---

① 赫伯特·斯宾塞（Herbert Spencer，1820—1903），英国著名的唯心主义哲学家、社会学家和教育学家，他为人所共知的就是“社会达尔文主义之父”。

本宣科，习惯于采用正式的、符合文法的教学方法。教育的主要内容其实就是文学，而且是非常高尚的文学，以希腊文学和罗马文学为代表，但是关于学习文学的兴趣或人文兴趣，却很少有人关注。除了少数人能够越过文学周边的篱笆以及矫揉造作的技巧之外，大多数人都被蒙蔽，他们无法看到文学的真正意义和精神。

我不知道“死语言”这种表述是什么时候被发明出来的；但可以肯定的是，长期以来，拉丁语和希腊语一直被大多数教师视为死的语言。作为“现代学科”，历史、地理、现代语言和文学，逐渐地闯入课程表，而且它们各自也在尽可能地承受着相同的“木乃伊化”。许多教师至今仍然信守这样一种理论，即一门课程的价值或一种授课方法的价值取决于它所涉及的做苦工的量，或是由其引发的排斥程度。这种理论由于混淆了纪律和惩罚的概念，它本身就已经带有了我们所说的基督教的法理学那种强烈的语气。不管怎么讲，允许自由精神、创新精神、好奇心、趣味的风气吹进课堂，的确让太多的学校校长们变得顾虑重重、小心谨慎。

在某种程度上，由于近些年来所积聚的力量的推动，社会上始终存在着一种自然形成的反叛潮流——反抗清教主义、经院哲学和业余艺术爱好，这使得公立学校的教育对于大多数学生的知识学习都是失败的，只有少数的学生能够幸免，也许他们在出生的时候嘴里就含着一把通向学问之门的金钥匙。自然科学就像是某些骚动的捣蛋鬼，他们的闯入也许对我们的人文学科有很大的影响。如果写不出诗的学生能够被允许去嗅闻实验室的某种气味，那可是向前跨越了一大步；甚至一会儿弄碎一支试管也比每天打破一次性别规则更具有教育意义。我有很多朋友，他们把自己标榜成人文主义者，对我的观点产生了恐慌，并且悲哀地将我看成一个叛徒，因为我几乎将所有的事情都归功于“古典教育”，随时（他们认为）都能将“必修的希腊语”出卖给一大群向钱看、缺乏文化修养的人，而这些人会将我们绚丽的学术领域变成攫取经济效益的工厂。但是，恐惧是一种不牢靠的导向。我在一开始就讲到了那种抽象的概括，他们就是这个概念的受害者。参考具体的个性，我检验了他们的预感，还有我自己的、我孩子的以及我所了解的几百名学生的预感。随着我所研究的精神面貌出现的无穷变化，人类本性的共同血统与将我们联系在一起的文明社会，我越来越清楚地认识到，文学是教育永恒的、不可回避的、不可或缺的元素。而且，文学只能通过与其他兴趣充分地、不断地协调，才能在拓展个性方面给学生一个自我施展、自由成长的空间。我和我的孩子、我的学生都长着眼睛、耳朵和手——当然还有腿！正如亚里士多德看到的那样，我们渴求知识，这种求知欲尽管可能会遇到阻碍，但却不是文学这种唯一的食粮能够满足的。我们的欲望多种多样，需要满足，需要控制。我们拥有就业感和责任感：知道自己和家人必须吃饭才能活下去，才能延续我们的种族。有些人——要么是戴着有色眼镜的学究，要么是傲慢的高层人士，他们嘲弄我们没有文化修养、平庸、追求商业精神、热爱体育活动、崇尚物质主义，但是我会以无声的方式对这些嘲弄表示怨恨。显然，他们已经忘记了希腊文学的完整意图，对于希腊文学这一名称，他们所表现出来的是极大的不尊敬。不！文学就是从成千上万的现实事件中选取最有意义的事件进行编辑；但是，如果我们的目光被遮住，看不到所有唤起文学的“事物”，那么对许多人来说，文学就只是“由傻瓜讲述的一个故事，充斥着喧闹和愤怒，毫无意义”，因为他们的教育才是名义上的文学，因此很显然就变成了现在这个样子。

2. 争论在不知不觉中引导我们去含蓄地对待第二个，实际上还包括第三个我们所假定的对象。那就是，在现代，对社会关系以及公民身份的坚持——非常适当的坚持，由于人们的自私自利和偏见，已经变得很反常，并因此在前进的道路上受到了阻碍。从真正意义上说，当我们处于休闲和独处时，很多有意识的存在便已经过去了，这真的是非常危险的一件事。一方面，我们的理想是“取悦每一个人，让自己八面玲珑”，但是，达到或接近这一理想的任何途径，就像我们所看到的那样，需要根植于文学和自己的同情心；另一方面，假如我们没有在自己的“生命之屋”中设置活动大厅、通道和等候室，就无法得到完整的配备，更不必说拥有一个生命的“娱乐室”了。没有哪种储备能够像文学那么充足、那么持久，每个人都可以得到——不管是有钱人还是穷人，而且马上就能让人变得成熟，变得有力量。我们的头脑能够自由地依照自己的习惯去选择想要的事物、我们的幸福或者不满在很大程度上都取决于自己的思想状态，而不是其他什么东西；而且，由于思想是在瞬间产生的，即使是最忙碌的人，除非有着精神上的财富，能够随意从中提取各种新旧知识，那他所拥有的自由，会远远超过如何处理的事物的琐事。夸大一个人生活中的诸多嗜好有多么重要——当然间接地还有他与其他人的关系；单一的嗜好是非常危险的，要么将人引向死亡，要么主宰你的生活；你需要至少两种稳定的嗜好。也许你会说，有什么嗜好取决于个人的性情和爱的倾向。没错，但是作为教育者，我们主要的职责在于修正“树枝的弯曲”。那么多男人和女人都找不到什么合适的活动来打发茶余饭后的消遣时光，能够让他们产生愉悦感觉的，也只是说说小道传闻、发发牢骚或抱怨罢了，要么就是长时间地打牌。我认为这些现象的产生，不是性情，也不是命运。家长或老师能够给予孩子或学生的最大祝福也许就是在他们寻找和发展业余爱好的时候提醒一下——要小心谨慎，不要自命不凡，不要屈尊俯就，不要指望别人的赞助，以此鼓励孩子和引导孩子。如果让我给有需要的人提什么建议，我倒想大胆地说：“努力让每个人在成长阶段至少养成两个嗜好；无论其中的一个是什么，另外一个都应当是文学爱好，或者是文学的某一个分支。”

梦，书，
属于不同的世界；
但我们知道，
书中有更为广泛的世界，
既纯洁又美好；
与书相伴，
我们的乐趣和幸福感与日俱增。

3. 此时此刻，在我的想象中，有某一个人，他能够从男人或女人的素养方面来认识文学、文化的重要性，或许还能更强烈地感觉到华兹华斯诗行中总结出来的真理，能够对这些目标——至少是第二个目标是否可获得预期效果表示怀疑；或者，这些目标反而可能会因此受到阻止，文学学习的本身在进入学校课程的时候得不到允许。这些怀疑不容忽视，因为我已经听到过很多文学爱好者这样说过，其中最突出的当属已故的卡农·安格①。在我看来，只有清楚地保持第三个目标，这个问题才能够得到彻底的解决。针对这一目标——让学生立刻产生乐趣，我们可以将文学学习假定为教育的一个分支。我们已经讨论过的两个目标都是隐秘的，应当是教师基本信仰的一部分；尽管教师与学生保持着接触，而且他们也许没有受到应有的重视，但实际上正是由于他们热情洋溢的解说，才让学生相信文学学习是这个世界上最愉快的事情。我们都知道，或者说应该知道，不管是哪一门课程，这是最佳的教学态度，也是唯一的一种态度。要想成为一名合格的教师，需要付出极大的努力，光有热情是远远不够的；成功地为学生准备任何类型的书面考试是很容易的，用不着什么热情，只需要出题就可以了。但是，除了填鸭式教学之外，一个了无趣味的教师不可避免地会成为一个让学生厌烦的人；一个热情的教师或许并不能很好地将自己的热情传递给他的学生，但可以肯定的是，如果

① 卡农·安格（Canon Alfred Ainger，1837—1904），英国传记作家、文艺评论家。主要作品有《乔治·克雷布传》《托马斯·胡德传》《查尔斯·兰姆传》，和编辑注释了6部查尔斯·兰姆的作品集等。

缺少了热情，你就无法将你的热情展现出来。

这种热情是最佳教学所不可或缺的，从能够胜任文学教育这一角度看，这种热情无疑是更加重要的。一方面，研究的隐秘对象往往具有无法触摸、无法感知或者无法理解的性质，它的重要性我已经在前面指出。我怀疑课程表中是否存在这样的课程，它很难通过简单的功利主义的动机推荐给那些对这种课程不感兴趣的学生。另一方面，对文学的依恋，尤其是对诗歌的依恋，肯定会迷惑学生，因为诗歌是文学中的精华，其中充满了寻欢作乐的态度、假日的气氛、无责任感的姿态以及脱离了平凡世界的高大上，否则与足球或曲棍球等运动相比，学习本身似乎就成了一种可怜的愚弄。如果教师的态度能够反映出拉丁语法教学中一个古老的问题——“我为什么应该教字母？”，那么他最好还是转向其他一些课程——一些让学生觉得更容易，更适合在学校学习的课程。

> （特洛伊王之妻）赫卡柏对他来说是什么，
> 或者他对赫卡柏来说是什么，
> 他应当为她哭泣——
> 除非他其实是一个参加牛津大学入学考试的考生？

“啊，这正是我所期待的”，针对这个问题，我的朋友奥比利乌斯说道，“你这种文学课程只不过是一种游戏，对现代的年轻人来说，这是一种很轻率的选择，他们可经不起拉丁散文与几何应用习题的争斗。”耐心点儿，我的朋友！真实情况是，古典文学和数学这两个教育的双引擎得到了改装，一部分原因是长期实践的结果，但是我觉得还有另一部分原因，那是由这两门课程的性质决定的，其目的是训练学生在思想意识方面培养诚实、精确、勤勉和坚持不懈的学术习惯。确实，尽管付出了很大的代价，有些学生还是在很多不同教师的掌控下，完成了部分训练！确实，普通课程比其他所有的课程更容易出现无事可做、不真实、虚假借口等危险，这是非常明显的。例如，在课堂上玩试管、描地图、翻历史笔记等各种现象，很容易就可以观察到，因此这些课程常常会受到人们的嘲讽。但是，首先，假如某个目标是值得我们去努力获取的，那我们的职责就是面对前进道路上所遇到的危险，而不是放弃这个目标。如果知识、对文学的爱是孩子与生俱来的权利，而且从目前的情况来看，很多学生离开学校以后很可能就无法获得这部分知识了，那么教师就必须努力向学生传授文学知识，尽管在文法学者和几何学者看来，这个过程似乎是无聊的，而且还会令他们恼怒。其次，对于文学学习——甚至是母语文学来说，认为它不可能既是一种培养，又是一种乐趣的观点，其实也是不真实的。学习与乐趣远远谈不上互不相容：实际上，这种训练是最有效的，几乎可以在不知不觉间，让学生自愿地以一种愉快的心情来锻炼和增强自己的能力。真正的足球运动员和真正的学者都认同莎士比亚《暴风雨》中的情人费迪南德所说的话：

“有些游乐才让人感到吃力呢，可越是费劲，对它的兴趣就越浓。”

男孩也好，女孩也罢，如果他们真的能够全神贯注地研究莎士比亚戏剧，或者努力地以适宜的语言形式来表达不断获得的美感，那么所谓的“辛苦”就不算是真正的精神上的磨炼，因为在辛勤学习过程中所感觉到的并不是痛苦，而是兴趣和快乐。

幸运的是，我的工作不需要竭力地去指导教师如何通过各种方法培养学生对于知识和文学的爱好。但在很大程度上，文学学习在教育中的价值恰恰取决于它所追求的精神，请允许我从实际的角度对这个主题多说几句。我已经重复说明了这种自明之理，即没有热情的人不可能传达热情；即使是一个文学爱好者，他们有时侯也会缺乏那种清楚的目标意识，不能怀着同情心去理解学生的个性，而这两点恰恰又是成功教学的必要条件。正如那些聪明的年轻大学毕业生一样，他们往往会情不自禁地向课堂上的学生口述，自己的历史课笔记如何绝妙，考古学或哲学方面有了哪些最新理论，这些都让新生们感到困惑。因此，文学课教师经常会向学生炫耀华丽的，但却会让人感到莫名其妙的评论，或者过度地向学生讲述文学史，或者任性地依照自己的喜好强行向学生布置并不合适的文学阅读书目——其实这些书只适合他那已经比较成熟的品位。人们不会否认，这种错误是有可能出现的；如果我不是意识到自己同样也会犯下这种错误，我也不敢如此断言。对教师来说，唯一的保护措施就是大家熟知的带有双重意义的“一直盯住你的目标”这句话。我们必须对自己的目标有一个明确的概念，另外还要带着真实的感情去同情我们的学生。我已经努力地指明了目标，即文明生活和精神享受所需要的素养。这一目标不仅会得到学生们的赞同，而且还能在许多方面对我们的教学方法和教学内容发挥支配作用。在教育的初期阶段，如果学生家长也喜欢文学，我们通常就能够听到他们赞同的声音，或者在教师身上也能够表现出这样的同情心，他们一般都拥有比较和谐的个性。一般说来，为小学生提供的故事和诗歌，也应该按照适宜性去为学生选择。声音和耳朵在接收文学印象方面的重要性已经得到了承认；学生表达自己的想象和对节奏韵律的感受的价值也得到了理解。或许，出乎比兰伯恩先生的料想，更多的教师会很痛快地购买他所写的《文学评论基础》，并赞成这本小册子中提出的信念。

当我们进入中间阶段，至少是男孩子的少年时期——至于女校，我不了解情况，因此没有资格说什么——正是这一时期，在培养学生文学爱好以及所有与文学学习有关的知识之前，还有很多需要做的事情，这些事情都应该继续做下去，以便获得良好的教学效果。过去，只有少数人能够全神贯注地学习。拉丁语和希腊古典文学能够很好地激发人们的灵感。但值得注意的是，如果真正地、热情地爱好文学，就会让文学四处播撒神圣的火种——“享受文学在平民中广泛传播的过程”。但是我们能够获得并保留下来的文学作品实在是太少了，即便文学的精华也是如此。考虑到英国那些古老的大学和公立中学都在努力地研究古典文学，并在有把握的情况下对风格和文学进行批评，他们在学术研究上取得的卓越成果，使人们不禁对各阶层人士较低的文学水平和文化标准感到吃惊，因为精英毕竟是要从这群人中选拔的。布拉德利[①]，或是维罗尔[②]，或是默里[③]等古典学者，他们显然非常渴望能够将古典文化的花朵植入现代文学学习的田野中去，但是如今具有这种愿望和力量的人是多么的稀少啊！还有，尽管还有少数的普通古典文学教师在努力地培养学生去欣赏英国的文学，但是人数毕竟还是太少了，而且方法也有些笨拙。

近年来，一批新型的文学教师已经崭露头角，不管怎样，坦率地讲，他们对古典文学的训练几乎从不买账，尽管他们通常都拥有狂放的、“与知识并不相一致”的热忱，但是在他们身上，却体现出了学校文学课程未来的希望。他们对自己的工作投入了极大的热情，而在“宏伟的古老的文科课程里”，通常是缺乏这种热情的；我们可以对未来寄予希望，随着这些学科越来越受重视，他们就能够获得一种方法，利用这种方法就可以在古典文学教学中选用所有有价值的材料，还可以大量地废弃那些狭隘而又迂腐的课程内容。正如许多人已经做的那样，他们也许都特别留意到了，无论多么不知不觉，古典文学教师都信守着这样的格言，即为了进入文学的精神世界，为了

---

① 布拉德利（Andrew Cecil Bradley，1851—1935），英国作家、文学学者。代表作《记忆中的丁尼生》《莎士比亚作品研究》等。

② 维罗尔（Arthur Woollgar Verrall，1851—1912），英国文学家、古典学者、古希腊戏剧作品翻译家。受教于剑桥大学三一学院。

③ 默里（George Murray，1866—1957），英国古典学者。博学多才，古希腊语言和文化方面的杰出学者。古希腊文学和戏剧作品的翻译家。

欣赏文学作品的风格，为了从真实的意义上去理解伟大作家的深刻思想，仅仅让学生去听、去读，然后根据所见所闻写出一篇短文，是根本不够的。学生们必须有所创造，必须锻炼自己运用兼具了创造性、模仿性和艺术性的能力，至少在学生的青少年时期，这都是我们取得进步的最重要的原动力。这个时候，他们或许还不具备对文学大师的诗篇和散文的辨别、欣赏能力，甚至不能持续地享受阅读带来的快感并乐在其中，但是他们在用稚嫩的文笔努力地学习写诗、写故事和写散文的过程中，表现出的强烈兴趣，还是深深打动了我——没有什么比这更能给我留下深刻的印象了。我非常清楚地知道，正是用拉丁文写诗让我学会了如何欣赏古罗马诗人维吉尔的诗，正是青少年时期学写叙事诗引导我了解了弥尔顿的作品。不过这其中有一个顺序的问题，我们这些当校长的人却往往忽略了这个问题——没等小学生获得初步的、最富有成效的体验，就期待着他们能够欣赏我们所认为的那些优秀的文学作品，这种体验只能通过掌握某些技巧才能够获得。创造性的、模仿性的冲动在绝大多数人的身上会逐渐消失，我们却不能再继续要求成熟的学生精确地写出正式“作文”，这是在犯错误，因为他们已经不再觉得作文会拖累他们的进步，他们会看到已经展开的宏大的知识愿景，并懂得如何欣赏和鉴别。我们的目标并不是增加作家的数量，因为这个群体已经足够庞大的了，我们是要增加读者的数量，这个群体人数再多也永远不会显得庞大，我们还要提高文学品位的标准，并借此向社会传播纯粹的精神享受和它所有的益处——乐趣，我们要将它的乐趣带给社会。在这个目标的激励下，人们的同情心和良善之心会慢慢滋长，这让我们克服困难，避开陷阱，摆脱各种不利因素的困扰；进而尽最大的努力，搞好文学这门最必要的、最令人愉快的但又最难以捉摸的、最无法衡量的课程。

第十章
论人生之愿景

“如果你与一个真正有才能的人展开真诚的交谈，不论你多么敬佩他，他始终都会觉得自己还远远没有实现心中的目标。那个更为美好与漂浮的理想，难道不是造物者许下的永恒诺言？”爱默生①这样说。

一个人自由地徜徉于理想之中，这是一种荣耀与极大的特权。我们每个人都有属于自己的理想。这个理想可能通往山顶，让人超脱现实的桎梏，也可能是一个毫无价值与低俗的理想，让人停滞不前，堕向不可知的深渊。“人之所想，人之所为。”

迪恩·法拉尔②说：“如果我们能看到未来的颜色，那么，我们现在就必须要看到。如果我们想注视命运的星辰，就必须要在自己的心中找寻。”

约翰·弥尔顿在儿时就梦想着有朝一日可以写就一篇史诗般的诗歌，不被滚滚的岁月所湮没。儿时这个虚无缥缈的梦

---

① 爱默生（Ralph Waldo Emerson，1803—1882），美国思想家、文学家、诗人。

② 迪恩·法拉尔（Dean Farrar，1831—1895），英国著名牧师。

想，在青年时期已经变得坚不可摧。他通过学习、旅行，走过了艰难的岁月，直至成年。这个人生的远景始终留在他的心坎里。耄耋之年，双眼失明，诗人终于实现了自己儿时的梦想。洋溢着英雄气概的诗歌《失乐园》，穿过了漫漫岁月的洪流，至今仍为人们传诵。“仍旧指引着最高的梦想”，这位不朽的诗人在浅唱低吟着。正是这个梦想，让他超越了布满阴翳的生活。

爱默生在给年轻人建议时这样说：“心中要有一颗指引的星星。”他并不是说，我们要将目标定得太高，以致成为水中月、镜中花。我们要将理想看作一颗星星，时刻在寂寥的晨空中熠熠闪光，让我们不断前进，升华我们的品行。当我们撇开所有物质上的追求，或是世人眼中成功的所谓标准，我们的第一个理想就要拥有高尚的品格，让不断追求完美的神性驻足心间。他发出神谕：你要追求完美，因为在天国的天父也是完美的。只有理想的品格才能收获真正的成功，而不论从事什么追求。查尔斯·舒姆纳说：“心中要有不息的理想之火，并非一定要成为一名著名的律师、医生、商人、科学家、制造商或是学者，而是要成为一个好人，做最好的自己。”我们的理想、我们的希冀，就是我们未来命运的预言者。

向往光明的善男信女们，长存着希望。这种向上的激情就好像一些树，有着对阳光天生不可遏制的渴求，让它们冲破层层阻碍，勇往直前，以一种迂回的方式渐次上升，绕开一切阻碍，向上爬呀爬，最终到达顶端，俯视着整片森林，仰起骄傲的头颅，在清新的空气中，沐浴着阳光，惬意地摇摆。

崇高的理想与果敢的决定是推动世界前进的重要动力。若是没有了理想与果敢，到哪里去找伟大的艺术家、杰出的诗人、音乐家、雕刻家、发明家或是科学家呢？诸如南丁格尔①、利文斯通②、莫德·巴灵顿·布斯③或是乔治·穆勒④等将毕生精力奉献给人类的博爱者将难以寻觅。

崇高理想之人是人类前进的守护者。他们不畏艰险，弯着腰，不顾额前的汗水淋漓，一代一代地前赴后继，将荆棘劈开，铺就一条康庄大道，让历史进步的车轮飞速奔跑。

理想主义者是充满想象力、富于希望的，洋溢着生气与能量的。他能看到未来的愿景，敢于梦想，生活在一个充满希望、幸福的世界，不断散发着活力。正是他们，让煤炭为人类服务。

对于理想主义者而言，他们就好像“大西洋冲刷海岸时所散发出的泰然与从容”，让平淡的生活漾起波澜的，正是背后那股“潜藏的力量”。

埋掉一块卵石，它将永远地遵循万有引力定律。埋下一颗橡子，它将遵循一种向上的法则，不断地向天进发。橡子里

---

① 南丁格尔（Florence Nightingales，1820—1910），世界上第一个真正的女护士，开创了护理事业。

② 利文斯通（David Livingstons，1813—1873），苏格兰公理会的先驱者。

③ 莫德·巴灵顿·布斯（Maud Ballington Booths，1865—1948），美国救济会领袖，创办了全美志愿者机构。

④ 乔治·穆勒（George Muller，1805—1898），基督教福音主义者。

潜藏的能量战胜了地球的诱惑。所有的动植物都有一种向上跳跃与攀爬的趋向。大自然向所有存在之物的耳旁低声细语：嘿，记得向上啊！而作为万物之灵的人类，更应有一种“欲与天公试比高”的气概。

卡莱尔[①]说：“可怜的亚当所希冀的，并不是品尝美味的食物，而是去做高尚与富于价值的事情，以一个上帝子民的名义实现自己的潜能。指引他如何去做吧，最让人烦闷无聊的工作，都将燃起团团激情之火。”

菲利普·布鲁克斯[②]说：“悲伤是难以避免的。真正理想的生活在于一种圆满，弥漫于生活的每个角落。在事物的表象之下，仍能感受到应有的跳跃。”

乔治·埃利奥特[③]说：“当我们充实地活着，是不可能放弃对生活的盼望或是许愿的。生活中总有一些让我们觉得美好与善良的东西，值得我们为之追寻。”

“人们永远也难以达到心中理想的标准，”马格莱特·福勒·奥所利[④]说，“正是不朽的精神让这个理想的标杆越来越高，让我们不断地前进，直至浩渺的未知远方。”

理想是激励我们前进不竭的源泉。没有了理想，任何方

---

① 卡莱尔（Thomas Carlyle，1795—1881），苏格兰散文家和历史学家。

② 菲利普·布鲁克斯（Phillips Brooks，1835—1893），美国教士与作家。

③ 乔治·埃利奥特（George Eliot，1819—1880），英国作家。

④ 马格莱特·福勒·奥所利（Margaret Fuller Ossoli，1810—1850），美国记者、评论家。

向的前进都变得不可能，反而带来深深的失落之感。金斯利说，世上唯一让人难以原谅的懦夫行为，就是放弃努力，让自己时刻冥想，而不亲自努力去尝试。让我们以一种尽善尽美的态度营造我们灵魂的寝室，仔细地做好计划，有序地实现心中的理想。

我们切不可误认为，真正实现理想的人生，只是属于那些在世上成就了惊天动地伟业的人。一位女裁缝从早到晚在穿针引线，以自己的努力养活家庭，贫穷的补鞋匠坐在长凳上认真忙活着。与那些伟人相比，他们也是在真切地实现着自己的理想。

奥利弗·温德尔·霍姆斯①说："一个人所处的位置并不是最重要的，他所前进的方向才是最紧要的。"这就是我们所要为之苦苦追求的理想。真正构成你生活基调的，并不是你所做的工作，而是你所具有的精神状态。不论你的工作或是地位是否卑微，你仍可做到最好的自己。

从一开始，我们就该认真地扪心自问：我们的理想是什么呢？我们的步伐指引到何处呢？一个低俗与志趣不高的目标，只能猎取一个"生活中尚值得尊重的位置"。

每个人的灵魂之中隐藏着上帝的某些理想。在生活的某个时段，我们每个人都会感受到一种震颤，一种对美好行为的向往。生命最为高尚的清泉，隐逸于做到最好冲动的背后。

也许，在今日的美国，最为时尚、最为流行的字眼，非

① 奥利弗·温德尔·霍姆斯（Oliver Wendell Holmes，1809—1894），美国作家、演说家。

“成功”二字莫属。这两个字充斥着所有的新闻报纸与杂志，让社会各个阶层的人为之狂热——这两个字让人们铤而走险，将所有的不良行为归咎于此。美国的孩子从小就接受这种教育，对“成功”更是达到了顶礼膜拜的地步。成功是人们生活中“一切的一切”。在这个词下面，掩藏着许多人类的罪恶。许多美国年轻人学习的楷模，就是那些身无分文只身到芝加哥、纽约或是波士顿这样的大城市闯荡的人，来时口袋空空如也，死时腰缠万贯。年轻人将这些人视为成功的榜样，但是，为什么不呢？他们看到这个世界都是围绕着金钱而转，而对他们做什么或如何获取金钱一概不管。一个人在死时，倘能留下百万家财，不管他生前是如何赚取、如何挥霍或是如何积攒，也没人会去问一句，这个人是否富有才华、视野广阔，品格是否高尚抑或狭隘、卑鄙甚至邪恶；人们仍会将他的一生归结为成功。不论此人生前是否想方设法压榨员工，让自己的财富建立在别人贫穷的基础之上；不论他是否觊觎邻居每寸土地，千方百计地搞到手；不论他的孩子在心智上、道德上存在严重缺陷，让自己的家庭遭殃；假如他能留下百万家财，人们仍会将他的人生视为一种充满胜利的人生。这种在民间传扬的成功哲学，让那些牙牙学语的孩子耳濡目染，也就不足为奇了。

千万不要教会年轻人将成功视为获取财富或地位，并把这当成幸福生活的唯一条件。

许许多多的善良的男女，他们原本想致力于服务他人，努力帮助老弱病残，但在现实生活中，他们却没有机会让自己接受教育或是变得富有。其实，即便他们按照世间成功的标准成功了，也是难以保证就可高枕无忧了。许多穷苦的女人，在病房里度过人生或是做着卑微的工作，但她们所达到的成功，远比一些百万富翁更为高尚。

不要尝试去追寻难以企及的目标。努力去发展自己，这是在你能力范围之内的，但是没有必要强求自己去做自身办不到的事情。许多人都会有被这样的幻觉迷惑的经历，将目标定在自己能力范围之外，完全超出了自身执行力之外。你可能对于自身才华或是能力充满信心，但一个前提就是要有宽广的自我教育基础。

一些年轻的男女初涉社会之时，将理想中的成功仅限于财富的累积或是做一些让人们为之鼓掌的事情。这是让人备感遗憾的。因为，按照这种标准行事，许多人必将是生活的失败者。

后生之辈，若能与品格高尚者多加接触，耳濡目染，亦能受益匪浅。父母、朋友、老师不仅是孩子们模仿的对象，更会对他们形成高尚的理想产生重要的作用。他们可向孩子们推荐优秀的文学著作，以一种凡事做到最好的激情来激励他们。家长与老师在引导年轻人树立远大志向上，具有难以估量的作用。

无论怎样，朋友、伙伴与榜样的作用是巨大的！诚然，我们所交的朋友受环境所制约。因此，我们在自己能力范围之内，小心择友。

据说，杜加德·斯图尔特[①]将爱的美德灌输给了几代的学生。已故的科伯恩爵士曾说："对我来说，他的演讲就好像打开了通往天国的大门。我感觉自己拥有了一颗灵魂。他那深远的见解缓缓流淌于充满睿智的句子之中，将我带到了一个更为高远的世界，全然改变了我的习性。"

每个学生不大可能去挑选自己喜欢的老师，但是每个有灵性的学生，都可以选择与自己志趣相投的人交往。

一个人的理想或是生活方式，是一根牢牢标记一个人视野的绳索。只要理想与生活方式不发生变化，一个人的心智或是生活就不会有多大的波澜。伊丽莎白·斯图亚特·普尔普斯[②]在著作《埃利斯的故事》中写到一个人对"杯形糕饼有着强烈的兴趣"。她想让所有认识她的人都有一种着迷的感觉，地面上铺就的辫子形的地毯也是她的一个理想。她做好家务，而在空闲时间里，则是专心于用各种颜色去将各种各样的鸟或是其他动物，甚至是将一些根本不存在的动物绣在地毯之上。她没有时间阅读，参与丈夫与孩子们的消遣与游戏，也没有时间去感受时代变迁的脉搏。她的人生，正如其理想一样，相对而言是微不足道的、狭窄的，没有给孩子留下一个好的榜样，没有给丈夫一个好的陪伴，以及为自己的发展提供空间。

没有远大的志向，我们就像老鹰难以展翅。我们应该展翅翱翔，志向就是让我们"乘风破浪，云游四方"的双翅。没有

① 杜加德·斯图尔特（Dugald Stewart，1753—1828），苏格兰哲学家。

② 伊丽莎白·斯图亚特·普尔普斯（Elizabeth Stuart Phelps，1844—1911），美国自传作家。

理想，我们只能在低空盘旋。克利勒博士曾说，达尔文关于老鹰翅膀进化的过程是富于建设性的。老鹰向下俯冲的欲望在有翅膀之前就有了。经过漫长岁月的演进与适应自然，最后拥有了一对强有力的翅膀，双翅展开，足有 7 尺之长，让它随心所欲地向天际翱翔。这带给我们的教益，就是每一个有意义的试验与进取意图都是前进的一部分。每次尝试都让老鹰的翅膀更为坚韧。

若是失去了对卓越的追求，最高尚的品格都会逐渐堕落。乔治·A. 戈登[①]说过："良好的品行可能会受环境的影响。但是良好品格本身不会从遗传中获得。这是以每个人行为的一针一线编织的美丽的织物，以期望与祈祷来构筑。理想的愿景，果敢为人，希冀与人能有一个更为公正的关系。正是这些品质，让到处充满棱角的社会散发出金子般的光彩。这与我们忠诚与远大的志向是分不开的。"

让自己的人生按照一个完美或是残缺的模子去塑造，这完全取决于你。若你聪明地做出抉择，然后坚贞不渝，你将成为一个高尚的人。

① 乔治·A. 戈登（Rev George A. Gorden，1806—1867），美国演说家。